Müller **Von Steinen und anderen Phänomenen** – Wege zum Philosophieren mit Kindern. Aus der Praxis – für die Praxis

Bibliografische Information Der Deutschen Nationalbibliothek Die Deutsche Nationalbibliothek verzeichnet diese Publikation in der Deutschen Nationalbibliografie; detaillierte bibliografische Daten sind im Internet über http://dnb.ddb.de abrufbar.

ISBN 978-3-86736-528-4
eISBN 978-3-86736-638-0
Druck: docupoint, Barleben

Arnulfstraße 205, 80634 München
Fon: 089. 688 900 98 Fax: 089. 689 19 12
e-mail: info@kopaed.de Internet: www.kopaed.de

Hans-Joachim Müller

Von Steinen und anderen Phänomenen – Wege zum Philosophieren mit Kindern

Aus der Praxis – für die Praxis

kopaed (muenchen)
www.kopaed.de

Diese Publikation erscheint anlässlich der Verleihung der Ehrendoktorwürde der Carl von Ossietzky Universität an Hans-Joachim Müller

Foto: Carl von Ossietzky Universität

Freundschaft, Gerechtigkeit, Natur, Glück, Zeit, Freiheit, Kunst, Tod, Welt und Mathematik - das sind klassische Themen der Philosophie. Nicht nur Erwachsene beschäftigen sich mit diesen Fragestellungen, auch Kinder können sich ihnen mit der richtigen Anleitung annähern und Meinungen dazu entwickeln.

Seit vielen Jahren widmet sich der Bad Zwischenahner Hans-Joachim Müller der Kinderphilosophie: als Grundschullehrer, als Lehrbeauftragter an der Universität, als Leiter des Zentrums für Kinderphilosophie bzw. als Geschäftsführer des „Netzwerks Akademie Nordwest - Kinder philosophieren" und als Anbieter zahlreicher Workshops. Für seine Verdienste zeichnete ihn jetzt die Carl von Ossietzky Universität mit der Ehrendoktorwürde aus, verbunden mit der Berechtigung, künftig den Titel „Dr. h. c." zu führen.

Über Dinge staunen, Fragen stellen, sinnieren und analysieren, einfach frei von Zwängen denken lassen - das möchte Hans-Joachim Müller erreichen, wenn er mit Kindern philosophiert. „Es ist oft verblüffend und beeindruckend, wie klug und reflektiert die Antworten sind, die die Kinder auf die großen Fragen des Lebens finden", berichtet Müller über seine Arbeit mit Kindern vom Kindergarten- bis zum Jugendalter.

Seinen Ausgang nahm das Philosophieren mit Kindern für Müller in der Gemeinde Bad Zwischenahn. „Das Thema Kinderphilosophie begleite ich in Bad Zwischenahn schon seit vielen Jahren. Bei den Abschlussveranstaltungen des Jaspers Clubs konnte ich mich an der regen Teilnahme und dem großen Interesse der Kinder immer wieder begeistern", so Bürgermeister Dr. Arno Schilling. „Ich freue mich mit Hans-Joachim Müller, dass sein langjähriges und erfolgreiches Engagement jetzt in dieser Form die gebührende Anerkennung erfährt."

Im letzten Jahr vollzog sich unter Müllers Ägide die Umwandlung des „Zentrums für Kinderphilosophie" zum „Netzwerk Akademie Nordwest - Kinder philosophieren", wie zuvor wieder mit Sitz in Bad Zwischenahn. Aufgrund der inhaltlichen und regionalen Ausbreitung der Aktivitäten war eine Neuaufstellung der Organisation notwendig geworden. Wie sein Vorgänger fungiert das Netzwerk als Anlaufstelle und zur Förderung von Projekten zur Kinderphilosophie und legt ein besonderes Augenmerk auf die Vernetzung und die wissenschaftliche Begleitung der Akteure. So lief im vergangenen Schuljahr an der Grundschule Ofen und am Gymnasium Bad Zwischenahn-Edewecht ein Großprojekt zur Erprobung des Philosophierens als Unterrichtsprinzip. Auch die Oeins-Sendung „Denk mal - Kinder philosophieren" ist ein Beispiel für die Arbeit des Netzwerks Akademie Nordwest.

Bild: Ines Müller

Inhalt

So hat es angefangen…
statt eines Vorwortes

Vor mehr als zwanzig Jahren habe ich begonnen, mit Kindern zu philosophieren. Den konkreten Anlass lieferte die Lektüre des Buches „Die kleinen Philosophen" der Schweizer Kinderphilosophin Eva Zoller Morf (Zoller Morf 1991). Den tieferen Grund bot eine Frage, die sich angesichts schulischer Erfahrungen stellte: Wie kommt es, dass Kinder, die mit Begeisterung vom Kindergarten in die Schule wechseln, schon nach wenigen Wochen Verhaltensweisen zeigen, die darauf hindeuten, dass sie sich in der „falschen Veranstaltung" wähnen? Liegt es an den Kindern, am System „Schule" oder an meinem Unterricht? Die erste mögliche Antwort macht es den Lehrkräften (und damit auch mir) zu einfach, die zweite kommt meiner Sicht der Dinge schon sehr nahe (aber wie soll ich als Einzelner das System ändern?), die dritte Variante eröffnete Möglichkeiten, die ich konsequent genutzt habe, indem ich Philosophieren als Unterrichtsprinzip erprobte.

Die Erinnerungen an meine Anfänge mögen verdeutlichen, womit und wie sich einsteigen ließe und bieten Anregungen für eigene Versuche.

Die Entstehung dieses Buches, eher eine kommentierte Textsammlung denn eine in „einem Zug" verfasste Arbeit, verdanke ich unter anderem der Bad Zwischenahner „Erwin Roeske-Stiftung", wofür ich mich nachdrücklich bedanke.

> „Kinder betreten die Schule als Fragezeichen und verlassen sie als Punkte"
> (Neil Postman 1995)

Ein gewöhnlicher Schuhkarton, von mir zum „Fragekasten" erhoben, offenbart ungewöhnlichen Inhalt: Elf Jungen und elf Mädchen meines 2. Schuljahres haben Fragen zusammengetragen, die ihnen in diesem Augenblick wichtig, spannend und nachdenkenswert erschienen. Diese Fragen wurden auf Karten geschrieben und als „Fragegarten" Woche für Woche abgeerntet. Einige Kostproben: Wie ist der erste Mensch auf die Welt gekommen (und selbst wenn die Schöpfungsgeschichte stimmt: Wer hat Gott gemacht?)? Warum gibt es Patrick? Wann ist tot? Wieso wacht man immer wieder auf? Gibt es Gott wirklich? Warum haben einige Kinder Angst vor ihren Eltern? Warum gibt es Eltern? Warum scheint die Sonne? Wieso gibt es Autos? Wie ist die Welt entstanden? Wie sähe eine Schule aus, die sich bemühte, nur einen kleinen Teil dieser Fragen im philosophischen Diskurs mit Kindern ernsthaft zu behandeln? Eine Klasse, die diese Fragen als wichtig benennt, hat gelernt, Schule nicht nur als Institution zu begreifen, die Mathematik, Lesen, Schreiben und Sachkunde lehrt.

Kinder, die so fragen, sind noch nicht vollständig Opfer eines Bildungs- und Erziehungsprozesses, der auf die möglichst rasche („effiziente") Bewältigung meist zusammenhangloser Stoffmengen abzielt und eine Welt vermeintlicher Fraglosigkeiten zeigt. Insofern ist „Philosophieren mit Kindern" auch Widerstand gegen die Mutation des Fragezeichens zum immerwährenden Punkt, laut Euklid etwas, das keine Teile hat.

Wie lassen sich Kinder im 2. oder auch 1. Schuljahr an philosophisches Denken heranführen? Ausgangspunkte sind Alltagssituationen oder Kinderbücher, die ein Thema zur Erörterung anbieten. Wichtig in der Vorbereitung erscheint mir die Herausarbeitung einer Grundfrage: Was interessiert mich eigentlich an der Kinderfrage, an der Alltagssituation, an dem Kinderbuchtext? Nur Lehrkräfte, die selbst das Fragen und Staunen noch nicht verlernt haben, sich nicht in der Rolle der vermeintlich Allwissenden gefallen, eignen sich für diese Art von Unterricht. Das Ziel besteht eben nicht in der Vermittlung von Wissen, sondern im „Erhellen".

Dazu ist es notwendig, bestimmte Techniken anzuwenden. Begriffe klären (z.B. „Was ist ein Anfang?"), hinterfragen (Stimmt das wirklich? Könnte es vielleicht auch anders sein?) und weiterfragen, begründen, Fantasieren und vertiefen gehören zum Handwerkszeug, das Kinder ebenso schnell (oder langsam) beherrschen lernen wie das kleine Einmaleins.

Mein Einstieg begann mit einem „Diebstahl" aus dem Kunstunterricht. Kopfsilhouetten hatten die Kinder gezeichnet und im Stuhlkreis dann meine vermeintlich banale Frage diskutiert: Was ist eigentlich in unserem Kopf? (Das Wörtchen „eigentlich" verrät den Kindern inzwischen, dass es philosophisch wird). Die Aufzählung materieller Bestandteile erschöpfte sich rasch. Ein Junge lieferte plötzlich das Stichwort: Denken, Gedanken. Und schon waren wir mittendrin: Wo kommen die Gedanken her, wo bleiben sie, nachdem wir sie ausgesprochen haben, sprechen wir alle Gedanken aus? Kann man denken, ohne zu sprechen? Selten kamen der Klasse und mir 45 Minuten so kurz vor wie in dieser Unterrichtsstunde.

Die nächste Einheit beschäftigte sich mit dem wunderschönen Bilderbuch „Warum kann ich nicht fliegen?" von Ken Brown (Parabel Verlag; nicht mehr im

Handel; Anm. d. Verf.). Die Geschichte ist schnell erzählt: Ein Strauß fragt sich, warum er nicht fliegen kann, wo er doch ein Vogel ist und alle anderen Vögel diese Kunst beherrschen. Im Dialog mit seinem Freund, dem Spatz, untersucht er mögliche Gründe. Als beide nicht mehr weiterwissen, mutmaßt der Spatz, der Strauß übe vielleicht zu wenig. Das leuchtet dem Strauß auf Anhieb ein. Sofort beginnt er mit einem umfangreichen Übungsprogramm, das in einer Serie von Fehlschlägen endet. Schließlich baut er eine Flugmaschine. Nach zwei Abstürzen geschieht das vermeintliche Wunder: Der Strauß fliegt! Aber welche Enttäuschung – kein einziger Vogel schaut ihm zu! Wo seid ihr denn alle, ruft er enttäuscht. Wo ist der Spatz? Ich kann fliegen und niemand von euch sieht es! Hinterher wird mir keiner glauben...

Der überraschende Schluss: Ein doppelseitiges Bild, das eine Schar großer Vögel zeigt, die den Strauß an langen Seilen durch die Lüfte ziehen: „Aber ja, alle glaubten ihm!"

Das Buch habe ich im Stuhlkreis vorgelesen, die Bilder präsentiert. Nicht immer lachen Kinder so häufig und so herzhaft wie beim Anschauen dieser Bilder. Zu Beginn trugen die Kinder ihr Sachwissen über den Vogel Strauß zusammen. Dabei kam bereits der Hinweis, dass dieser Vogel nicht fliegen könne, verbunden mit ersten Mutmaßungen über die Gründe (Gewicht, zu kurze Flügel). Der Präsentation des Buches folgte die Meinungsrunde – hat dir die Geschichte gefallen oder nicht? Die Antworten wurden stets begründet und boten Ansätze für ein nachdenkliches Gespräch:

Die Geschichte gefällt mir, weil der Strauß nicht aufgegeben hat, weil ihm die anderen Vögel geholfen haben, weil,... Die erste Überraschung: Bei der Identifikationsfrage („Wer in dieser Geschichte würdest du gern sein wollen?") machte nicht der Strauß, sondern der winzige Spatz das Rennen! Die wesentliche Diskussion kreiste jedoch um die Frage, ob sich die Kinder genauso wie der Strauß verhalten oder bestimmte Dinge anders gemacht hätten. Die Bandbreite der Antworten reichte von der völligen Identifikation mit der Handlungsweise des Vogels über fantastische Vorschläge zur Verbesserung seiner Lösungsstrategie, bis zur deutlichen Ablehnung des Strauß-Versuchs: „Warum will der Strauß eigentlich auch fliegen können wie die anderen Vögel? Er kann dafür doch andere Dinge, die diese Tiere nicht können, zum Beispiel schnell laufen, den Kopf in den Sand stecken oder große Eier legen. Ich wäre an seiner Stelle mit dem zufrieden, was ich kann!"

Hat der achtjährige Jelde mit dieser Antwort nicht eine „Seins-Frage" berührt? Wie will ich sein, wie will ich leben? Die Jagd nach dem ultimativen Kick, der trügerische Befriedigung schafft, oder das Ausschöpfen und ruhige Genießen der eigenen Fähigkeiten und Fertigkeiten – was ist erstrebenswert? Die Klasse staunte nicht schlecht über diesen Jungen, der nicht versteht, warum der Strauß unter allen Umständen etwas können möchte, das die Natur für ihn nicht vorgesehen hat. Die Klasse stritt über diese Frage philosophischer Dimension lange, ohne sich zu einigen und fühlte sich dennoch wohl. Sie lernte, andere Meinungen zu respektieren, sie auszuhalten. Der philosophische Gehalt dieses Kinderbuches hat sich mit dieser Frage nicht erschöpft. Natürlich tauchte irgendwann der Einwand auf, der Strauß hätte sich ja statt der unzureichenden Flugmaschine ein richtiges Flugzeug bauen können.

Kann das ein Vogel Strauß? Die Kinder begründeten ihre entschiedenen Zweifel mit Argumenten, die einem Lehrbuch über menschliche Entwicklungsgeschichte hätten entnommen sein können: Der Strauß bräuchte für diese Aufgabe Hände, Füße, Werkzeuge und - ein Gehirn! Nur so könne er sich einen Plan machen von dem, was er bauen wolle. Das aber sei eben den Menschen vorbehalten, wenngleich auch Vögel etwas bauen könnten, zum Beispiel ein Nest. Das aber sei wieder etwas anderes. Die Menschen „wissen etwas, die Vögel nicht". Diese Aussagen eröffneten ohne Mithilfe der Lehrkraft spontan ein neues Feld für ein philosophisches Gespräch: Wie unterscheiden sich Mensch und Tier?

Diese wenigen Erfahrungen aus einem Unterricht, der Philosophieren als Prinzip versteht, verweisen auf zwei wesentliche Voraussetzungen für das Gelingen: Die Bedeutung der Entwicklung einer demokratischen Gesprächskultur möglichst schon im Kindergarten. Den Abschied von dem so liebgewonnenen, aber ohnehin bereits brüchig gewordenen Bild des „wissenden" Lehrers. An seine Stelle tritt ein Mensch, der gemeinsam mit Schülerinnen und Schülern versucht, Schritte durch eine zunehmend unwegsamere Gesellschaft zu gehen und dabei vielleicht wieder als Politiker und Künstler (Paulo Freire) gefragt zu sein: „Skating away on the thin ice of a new day"(Jethro Tull). Für das Philosophieren mit Kindern heißt das, eine Lehrkraft zu sein (besser zu werden), die das Staunen und Fragen noch nicht verlernt hat und im philosophischen Umgang mit Kinderfragen in kompakter Form wesentliche Teile ihrer eigenen Kindheitsbiografie wiedererlebt. Oder anders ausgedrückt: Eine Philosophie, deren Vertreter sich der Herkunft ihrer eigenen, differenzierteren Denkfähigkeiten - ihrer Kindheit - bewusst sind, muss den Dialog mit diesem Ursprung suchen (Stefan Englhart 1997). Philosophieren mit Kindern bewirkt allerdings noch etwas, das wir im sonstigen Unterricht leider immer weniger erleben: Verhaltensschwierige Kinder, die eher durch Störaktionen denn durch konstruktive Mitarbeit auffallen, bringen sich ausdauernd und mit zunehmender Begeisterung in die „Philosophie-Stunden" ein. Woran liegt das? Sie fühlen sich ernstgenommen und frei von Leistungsdruck sowie den damit zu erwartenden Versagenserlebnissen. Da ihre Äußerungen weder kommentiert noch bewertet werden, fühlen sie sich den „Leistungsträgern" ebenbürtig. Folglich wachsen Selbstwertgefühl und Selbstbewusstsein. Das Philosophieren mit Kindern kann auch einen Beitrag leisten zu der Forderung: Alle Kinder stärken – die beste Schule gegen Gewalt.

Schließlich: Wer nie Philosophie, richtige Philosophie mit Kindern oder einer Gruppe von Kindern betrieben hat, hat eine der schönsten Gaben, die das Leben zu bieten hat, verpasst. (G. B. Matthews 1995)

Ich schlage vor, diesem Mangel so schnell wie möglich abzuhelfen.

Literaturangaben

Stefan Englhart, Modelle und Perspektiven der Kinderphilosophie. Heinsberg 1997

Gareth B. Matthews, Die Philosophie der Kindheit. Weinheim 1995

Neil Postman, Keine Götter mehr: Das Ende der Erziehung. Berlin 1995

Eva Zoller Morf, Die kleinen Philosophen. Zürich 1991

„Vom Stein zur Weisheit“ oder „Vom Phänomen zur Wissenschaft“

Philosophieren als Bestandteil (natur-)wissenschaftlicher Grundbildung

Wer sich intensiv mit dem Philosophieren und verschiedenen Aussagen des Pädagogen Martin Wagenschein (vgl. Martin Wagenschein, Verstehen lernen. Weinheim 1968) befasst, wird nicht umhinkönnen, eine gewisse Analogie zwischen den Wegen vom Alltagsphänomen „Stein" zur Weisheit und zur Wissenschaft festzustellen.

Wenn Philosophieren mit Kindern gar als Bestandteil wissenschaftlicher Grundbildung verstanden und begründet wird, liegt die Nähe zum reformpädagogischen Ansatz Wagenscheins begründet: Verstehen lehren!

Auch Philosophieren geht häufig auf der ersten Ebene von etwas Rätselhaftem aus, befindet sich stets auf der Suche nach einem Grund. Kinder bringen dabei Beobachtungen und Hypothesen zunächst mit Hilfe der Alltagssprache, ohne Fachbegriffe, zum Ausdruck. Der didaktische Dreischritt beim Philosophieren beginnt stets mit dem Erkunden von etwas, der Herstellung lebensweltlicher Bezüge.

Die zweite Ebene umfasst den Versuch, dem Gegenstand näher zu kommen, ihn besser zu erfassen und zu begreifen. Dabei lassen sich Verstehens- und Denkprozesse nicht immer mit Worten allein fassen. Erst ein Phänomen wahrnehmen, dann denkend und handeln verstehen. Schließlich: Der Weg zu den Ergebnissen wird gemeinsam mit den Kindern begangen. Die Parallele zum Philosophieren erscheint offenkundig: im zweiten Schritt erproben die Kinder ihre Gedanken, die sie mit dem Gegenstand verbinden, zum Beispiel „Kann man mit einem Stein befreundet sein?", „Kann ein Stein Glück bringen?", „Sterben Steine auch?" oder „Was kann man mit Steinen alles machen?"

Es geht also um wirkliches Verstehen und nicht um das Wiederholen unverstandener Begriffe und Fakten, wie es nicht selten im Unterrichtsalltag geschieht.

Die Ebene der Erkenntnis, die wiederum in enger Beziehung zum Inhalt von Weisheit steht, erreichen die philosophierenden Kinder auf dem Wege der Abstraktion, am vorläufigen Ende einer philosophischen Denkbewegung:

Diese Denkbewegungen beginnen bei einem konkreten Ausgangspunkt, gehen von dort weiter zu einer allgemeinen bzw. prinzipiellen Betrachtung und kommen am Ende wieder auf die konkrete Handlungsebene zurück.

Der konkrete Ausgangspunkt kann irgendein Anlass aus dem Erfahrungsbereich der Kinder sein: eine Geschichte, ein Lied, ein Erlebnis, eine Meinung, eine Erfahrung, ein Bild, ein Sprichwort oder natürlich eine Frage.

Die allgemeine, prinzipielle Betrachtungsweise unterscheidet sich deutlich von der konkreten Ebene:

Nehmen wir als Beispiel ein Gespräch über den Tod. Muss man ihn fürchten? Ist er das Ende von allem? Welche Auswirkungen hat das Wissen um den Tod auf unser Leben? So gestellt, sind dies alles philosophische Fragen.

Wenn nun aber beim Mittagstisch ein paar Gedanken darüber ausgetauscht werden, wie viele Verkehrstote dieses Jahr schon zu beklagen seien oder wessen Meerschweinchen heute früh gestorben sei, dann können wir kaum von einem philosophischen Gespräch reden – trotz des Themas. Auch wenn wir einem trauernden Menschen beistehen oder eine Abdankungsansprache anhören, ist das Thema zwar der Tod, aber philosophisch ist es trotzdem nicht zu nennen.

Ein Thema wird dann als philosophisch bezeichnet, wenn es eine gewisse Allgemeinheit aufweist, d.h., wenn es uns Menschen insgesamt und prinzipiell etwas angeht, sowie wenn er nach Sinn und Bedeutung als nach vereinzelten Fakten gefragt wird.

Dann interessieren wir uns nicht primär für den Tod von diesem oder jenem, sondern zum Beispiel dafür, was die Tatsache unserer Vergänglichkeit für Menschen eigentlich bedeutet. Oder wir loten die verschiedensten Möglichkeiten aus, was nach dem Tod wohl sein könnte, indem wir sie miteinander vergleichen und nach Argumenten suchen, die für oder gegen unsere Ideen sprechen. Zu erklären, dass das verstorbene Haustier nun wohl im Hundehimmel sei, ist unter Umständen ein tröstlicher Gedanke, aber so lange nicht philosophisch, als es beim Einzelfall und dieser Einzelaussage bleibt (Eva Zoller Morf 1991)

Die drei Ebenen der Auseinandersetzung mit dem Gegenstand im Sinne Wagenscheins, Ebene der Annäherung, Ebene der Vertiefung, Ebene der Abstraktion korrespondieren zu den drei Formen des Wahrnehmens, die das Philosophieren kennt:

Der Bereich der periphalen Kenntnis

Die oberflächliche Kenntnis (Zur-Kenntnis-nahme) besteht v.a. aus vielen Einzeleindrücken, aus oberflächlichen Daten- und Faktenpaketen (Lexikonwissen), welche untereinander nicht oder nur vage verbunden sind: Zahlen werden memoriert, Begriffe und Namen als „Etiketten" werden „auswendig" gelernt. Ein gutes Gedächtnis führt hier zu viel quantitativem Wissen, welches jederzeit abrufbar und entsprechend quantitativ messbar ist.

Der Bereich des sensationalen Verstehens

Sensus (lat.): Gefühl, Empfindung, Wahrnehmung (physisch); Denkkraft, Urteil, Sinngehalt, Idee, Meinung (geistig); Gesinnung/ im Kontrast zu sensationell (Adj. von Sensation = „aufsehenerregendes Ereignis") (moralisch).

Oberflächlich unverbundene Kenntnisse werden geklärt, in größere Zusammenhänge gebracht und mit der Lebenswelt der Kinder verbunden. Die Sinne und das Denken werden gefordert, um den (Sinn-)Gehalt der vorgefundenen Welt aufzuschlüsseln. Guter (Sach-)Unterricht geschieht vor allem in diesem Bereich. Das didaktische Anliegen ist die Bildung von Wissen, das sich in Kindern einwurzeln kann, resp. nachhaltige Bedeutung erlangen soll. Ihr Interesse an der Tiefe und Weite der Wirklichkeit wird auf verschiedenen Wegen geweckt und unterstützt. Didaktik, welche den Aufbau von „eingewurzeltem" Weltwissen anstrebt, wirkt im Bereich vertieften Wahrnehmens.

Der Bereich des existenzialen Erkennens

Existere (lat.): hervortreten, sich zeigen, werden, vorhanden sein; existentia: Dasein - im Gegensatz zum „Sosein" = essentia. Existenzial: „das eigene, menschliche Dasein betreffend"/„Existenzialismus": Philosophischer Ansatz, der von der subjektgebundenen Individualität der menschlichen Existenz ausgeht.

Eine Erfahrung, eine Gegebenheit, eine Frage, ein Wort, etc. berühren das eigene Selbstsein gegenüber der „Welt" derart, dass sich die ganze Person angesprochen und zu einer „Antwort" (Ver-Antwort-ung) gerufen fühlt. Die Beziehung zur „Welt da draußen" wird zu einem Geschehen, das die existenzial Betroffenen involviert, sodass sie sich ihm nicht entziehen können: „Ich bin gemeint!"

Dieses Erkennen kann zu „innerer Ich-Bildung" und zu nachhaltigen Einstellungen beitragen, sie ist die wichtige Quelle der Persönlichkeit von Kindern, Jugendlichen und Erwachsenen. Philosophische Fragestellungen fokussieren den existenzialen Bereich von wesentlichen Mensch- resp. Lebensthemen.

Die philosophische Komponente ergibt sich auf dem Weg von der ersten zur dritten Ebene (Karl Jaspers, „Philosophie heißt: auf dem Wege sein."): Ausgehend von einem Phänomen, von einer sonderbaren Erscheinung, werden schwierige Fragen erörtert.

Die Kinder müssen formal-logische Operationen richtig ausführen (wenn ... dann). Somit schulen sie ihre rationalen Fähigkeiten. Die (emotionale und rationale) Verschmelzung mit dem Gegenstand mag der eigenen Erfahrung eine gewisse Tiefe und Würde verleihen. Insgesamt entsteht eine Kultur der Nachdenklichkeit, die durch eine fragende, suchende Grundhaltung bestimmt ist.

Vielleicht lässt sich dieser Sachverhalt so verallgemeinern:

„Wenn sowohl Philosophie als auch Bildung das Ziel „Vernunft" verfolgen, mag die Behauptung nicht unerhört klingen, dass in ihrem Ursprung wahre Philosophie bildend und wahre Bildung philosophisch ist." (Matthew Lipmann 1994)

Literaturangaben

Matthew Lipman, Über den philosophischen Stil von Kindern. In: Ekkehard Martens/ Helmut Schreier (Hrsg.), Philosophieren mit Schulkindern. S. 108 ff. Heinsberg 1994

Martin Wagenschein, Verstehen lernen. Weinheim 1968

Eva Zoller Morf, Die kleinen Philosophen. Zürich 1991

Zur Praxis: Wie Steine philosophische Denkbewegungen ermöglichen

Ein Stein mit zwei Seiten - einer gewöhnlichen und einer außergewöhnlichen liefert den Ausgangspunkt für ein Gespräch mit dem Ziel, in eine philosophische Denkbewegung zu münden.

Die Bemerkung „Heute habe ich euch etwas mitgebracht" zu Beginn des Gesprächs erzeugt eine Erwartungshaltung, die nach der Präsentation der gewöhnlichen Seite des Objekts zu leichter Enttäuschung mutiert. Die Frage „Was könnte das sein?" erscheint fast überflüssig, da einige Kinder die Bezeichnung des Gegenstandes bereits in den Raum rufen.

Doch so ergibt sich ein Anlass zum Hinterfragen des vermeintlich Selbstverständlichen, eine wesentliche Technik des Philosophierens: „Wenn es kein Stein wäre, was könnte es noch sein?" Die Antworten der Kinder reichen von „Teig" bis zu „menschliches Gehirn" (allerdings mit der Einschränkung „das würdest du aber nicht mitbringen…"). Die Kinder erproben sich im Denken in Möglichkeiten, auch „optionales Denken" genannt, ohne das Philosophieren nicht stattfinden würde. Gleichzeitig treten in den Antworten Fantasie und Kreativität in teilweise bemerkenswerter Form zutage, die ebenfalls unverzichtbare Werkzeuge im Prozess des Philosophierens darstellen.

Die nächste Frage, inwieweit diese Seite des Steins sie besonders berührt habe, sozusagen „aus den Schuhen gehoben" (manche Kinder verstehen noch diese Redewendung!) habe, verneinen in der Regel fast alle Kinder.

Die Präsentation der außergewöhnlichen Seite löst dagegen spontane Lautmalereien und vergleichbare Reaktionen aus, die auf Nachfrage als Ausdruck des Staunens ausgewiesen werden.

Da vor jedem Akt des Staunens ein Grund liegt, schließt sich notwendig eine weitere Frage an die Kinder an: „Warum habt ihr gestaunt?"

Es werden Gründe genannt, die die Haltung des Staunens erklären: Überraschung, dass der Stein noch eine andere Seite offenbart, das Unerwartete, das Besondere, das Ästhetische werden thematisiert, es kommt unweigerlich zu einer Bewegung vom Konkreten zum Allgemeinen: Warum staunen Menschen überhaupt? Der erste Schritt ins Philosophieren hinein wurde getan!

Exkurs: Die Bedeutung des Staunens als Haltung

Worin liegt die Bedeutung des Staunens im Allgemeinen und für das Philosophieren im Besonderen?

Zunächst eine eher entmutigende Feststellung: Staunen gilt vielen Menschen als Zeitverschwendung, vielleicht, weil es hilft, sich gelegentlich selbst in Frage zu stellen. Das Gefühl, von etwas Neuem überwältigt zu sein, widerspricht komplett ihrem Blick auf das Leben. Hinzu kommt. Staunen gilt als Zeichen mangelnder Welterfahrung, was erklärt, warum bereits Kinder im Grundschulalter eher eine vermeintlich „coole" Haltung („Wer cool ist, weiß Bescheid") favorisieren, statt sich Momenten des Staunens hinzugeben. Der Staunende verliert bekanntlich kurzzeitig seine mentale Balance, was in unserer Gesellschaft nicht sonderlich hoch angesehen ist. Im Staunen zeigt sich ebenso die Differenz zwischen innerer Vorstellungswelt und der wahrgenommenen, äußeren Realität. Was aber geschieht, wenn Kinder die Medienwelt zunehmend für die tatsächliche Wirklichkeit halten, wo findet „Staunen" noch seinen Ort? Immerhin kann durch „Staunen" das Denken abseits eingespielter Muster, die Suche nach einem Sinn der Welt, angestoßen werden. Ist das in einer Gesellschaft, in der Sinnsuche zunehmend durch Konsum ersetzt wird (Harald Welzer) noch erwünscht?

Staunen bedeutet nach wie vor, sich dem Begegnenden gegenüber zu offnen und es verstehen zu wollen. Die daraus resultierende Offenheit und das Interesse im Sinne von „Wissen wollen" sind jedoch philosophische Grundhaltungen der Welt gegenüber.

Möglicherweise gibt es einen weiteren Grund, warum Staunen als Haltung eher im Abschwung begriffen ist:

Staunen erfordert einen Ausstieg aus dem Fluss der Zeit, denn Staunen lässt sich nur, wenn man nicht gleich zur Tagesordnung übergeht, sondern sich Zeit nimmt, um dem Überraschenden innerlich Raum zu geben.

Das Philosophieren braucht jedoch das Staunen, wie bereits Aristoteles vor mehr als 2000 Jahren anmerkte:

> „Weil sie sich nämlich wunderten, haben die Menschen zuerst wie jetzt noch zu philosophieren begonnen; sie wunderten sich anfangs über das Unerklärliche, das ihnen entgegentrat.
> .... Alle nämlich beginnen, wie gesagt, mit der Verwunderung darüber, dass die Dinge so sind, wie sie sind."
> (Aristoteles, Metaphysik. In: Seidl, H. (Hrsg.). Philosophische Schriften in sechs Bänden. Band 5. Hamburg: Meiner 1995)

Wir unterscheiden drei Arten des Staunens: Das neugierige, das den Forscherdrang weckt, das sinnliche, das Lebenskunst ermöglicht, und das metaphysische, das zu tiefer Erkenntnis, zu philosophischen Grundeinstellungen führen kann.

Die Erfahrung lehrt, dass es also zunächst die Oberfläche ist, die die Aufmerksamkeit der Kinder anzieht, nicht die Struktur, das System eine Ordnung, sondern eben eine ästhetische Erfahrung. Häufig ist es das Irritierende, Anstößige oder Unerwartete, das die Neugier weckt.

Das Staunen schafft im Gefolge der bewussten Reflexion auf den Akt des Staunens und dem vor dem Staunen liegenden Grund den Übergang zur zweiten Basiskompetenz des Philosophierens, der Frage, zumeist einer „Warum-Frage".

Exkurs: Die Bedeutung des Fragens als Haltung

Schon in jener Phase, da die Kinder Gründe für das Staunen nennen, mischt sich die eine oder andere Frage in das Geschehen ein, etwa „Wo kommt der Stein her?" oder „Wie kommen die Löcher in den Stein?". Mit der Bemerkung „Was könntet ihr als nächstes tun, wenn ihr den Stein genügend bestaunt habt?", öffnet sich ein Tor und eine regelrechte Flut von Fragen ergießt sich über jene Person, die das Gespräch moderiert. Fragen, so verdeutlicht dieses Beispiel aus der Praxis, können vor dem Hintergrund einer ästhetischen Empfindung entstehen, die über den Weg sinnlicher Wahrnehmung ein staunendes Verweilen auslöst. Zwar kommen nicht alle Kinder sofort auf die Idee, das Fragen als nächste Handlung zu benennen und anzusteuern, stattdessen werden Wünsche wie „den Stein einmal anfassen dürfen" und Ähnliches geäußert, aber innerhalb weniger Minuten offenbaren die Kinder ihre nach wie vor existierende Fähigkeit, Fragen stellen zu können. Eine Fähigkeit übrigens, die im herkömmlichen Unterricht in Bedeutungslosigkeit versinkt.

Es gibt bekanntlich Fragen, die sich nicht einfach mit „ja" oder „nein" beantworten. Unterricht besteht aber zu 95,8 Prozent aus genau diesen Fragen, die von pädagogischen und didaktischen Absichten geleitet sind – eben die klassischen

„didaktischen Fragen“, die man unschwer daran erkennt, dass sich stets eine Person im Raum befindet, die die Antwort auf die Frage bereits kennt, bevor sie gestellt wurde (vgl. Gertrud Ritz-Fröhlich 1992)

„Kinder betreten die Schule als Fragezeichen und verlassen sie als Punkte“, kommentiert Neil Postman diesen Sachverhalt (Neil Postman 1991). Und an anderer Stelle fragt er, weshalb die Frage als das wichtigste Erkenntnisinstrument der Menschheit in der Schule nicht gelehrt wird?

Eine Schule der Fragen? Vermag sich jemand eine solche Bildungsinstitution vorzustellen (vgl. Andreas Nießeler, 2014)?

Dem folgt Jostein Gaarder, Autor des weltberühmten Romans „Sofies Welt“, mit der Feststellung:

> „Eine Antwort ist immer ein Stück des Weges, der hinter uns liegt. Nur eine Frage kann uns weiterführen.“ (Jostein Gaarder 1999)

Dem amerikanischen Pädagogen und Philosophen John Dewey bleibt es vorbehalten, uns das Wesen einer Frage zu vermitteln:

> „Die Frage ist eine geistige Suchhandlung, die nicht aus dem Nichts entsteht, sondern auf dem Hintergrund denkender Erfahrung.“ (John Dewey 1951)

Angesichts ihrer schulischen Erfahrungen, die auch in Kitas immer häufiger stattfinden, muss von Kindern vielleicht erst erkannt werden, dass bei Fragen von Erwachsenen überwiegend andere Gesichtspunkte im Vordergrund stehen als jene, die sie womöglich selbst mit dem Begriff des Fragens verbinden.

Schon um den dritten Geburtstag herum tauchen bei Kindern die ersten „Warum-Fragen“ auf, denn jetzt sind die Kinder sprachlich und verstandesmäßig so weit entwickelt, dass sie sich die Welt gewissermaßen auf einer abstrakteren Ebene zu erschließen versuchen. Sie lernen so allmählich, Abläufe zu verstehen, über ihren Tellerrand hinauszuschauen, Naturgesetze zu begreifen und sich in andere hineinzuversetzen. Auf der Basis dieses Wissens entsteht nach und nach ihr Bild von der Welt („Weltbild“), das viele Einzelteile enthält, in denen sich das Ganze widerspiegelt, die aber auch das Ganze ausmachen. Die „Warum-Fragen“ sind für die geistige Entwicklung demnach unverzichtbar, denn sie tragen zur Ausbildung eines reflexiven Systems bei, das aus den Reflexionen und Welt-Betrachtungen des Kindes und den sozialen Zusammenhängen besteht.

Kein Wunder also, dass der Neurowissenschaftler Wolf Singer, ehemals Leiter des Max-Planck-Instituts für Hirnforschung, konstatiert:

> „Wir machen einen Riesenfehler. Wir fordern vor allem die Ausbildung rationaler Kommunikationsverfahren, die sich auch jenseits der Zwanzig instruieren lassen. Die Integral- und Differenzialgleichung kann einer, wenn er muss, auch noch lernen, wenn er zwanzig ist. Aber vieles, was sich im vorsprachlichen Bereich an Intelligenz und an intelligentem Verhalten üben lässt, wird sträflich vernachlässigt.
> … Das Beste, was man also für ein Kind tun kann, ist, sorgfältig darauf zu achten, welche Fragen es stellt. Es ist weniger günstig, über die gestellten Fragen hinaus zu versuchen, mit einer Art ‚Nürnberger Trichter" so viel wie möglich ins Gehirn hinein zu füllen. Oft ist das sehr kontraproduktiv."
> (Wolf Singer 2004)

Mit anderen Worten: Die Fragen der Kinder an die Welt sind hochinteressant, weil sie ein Fenster in die Kindheit hinein öffnen und wir etwas darüber erfahren, wie die Kinder die Welt sehen und interpretieren, was sie interessiert und wovon sie mehr wissen wollen. Wir erkennen in den Kinderfragen Formen des Denkens und Nachdenkens, wir erhalten Angebote zum Gespräch und Dialog.

Wo keine Fragen entstehen und Kinder verstummen, ist ein grundlegendes Verhältnis zwischen den Kindern und ihrer Umwelt bzw. den Personen, mit denen sie es zu tun haben, verschüttet worden.

Bildungsprozesse, so die daraus resultierende Schlussfolgerung, können nur dann erfolgreich sein, wenn das Zusammenspiel von Fragen und Antwortgeben, von Fragen und Zeigen, von Fragen und Antwortsuchen, gelingt. Nicht zufällig zählt zu den Lieblingsfragen des Autors beim Philosophieren mit Kindern die Frage „Was fällt euch auf?", weil diese wie keine andere die Dialektik von Zeigen und Fragen enthält.

Anmerkung: Kindern fällt immer etwas auf, allerdings häufig nicht das, von dem Erwachsene meinen, dass es ihnen unbedingt auffallen müsste…

In Bezug auf das Singer-Zitat beginnt Philosophieren mit Kindern gleichermaßen mit einer besonderen Aufmerksamkeit gegenüber Fragen, die Kinder stellen.

Gedankenperle

Glaubst du,
du bist noch zu klein
um große Fragen zu stellen?
Dann kriegen die Großen dich klein
Noch bevor du groß genug bist.

(Erich Fried)

Zurück zum Stein: Welche Fragen stellen Kinder beim Anblick dieses Gegenstandes?

Einen unglaublichen Fragen-Rekord stellten die sechs 3. Klassen der St. Stephanus und der Bodelschwinghschule in der nordrhein-westfälischen Stadt Hamm im Rahmen eines Unterrichtsversuchs auf:

Sage und schreibe 184 verschiedene Fragen formulierten die Kinder zu diesem Stein! Dabei ist Frage nicht gleich Frage, sondern sie weisen unterschiedliche Charaktere auf: Zum einen gibt es die organisatorischen Fragen, die sich sofort und ohne langes Nachdenken beantworten lassen.

Einige Beispiele aus dem erwähnten Projekt:

Wie viel kostet der Stein?
Hast du den Stein gefunden oder gekauft?
Seit wie vielen Jahren hast du den Stein?
Aus welchem Land kommt der Stein?
Ist der Stein echt oder nachgemacht?
Hast du den Stein zum Geburtstag bekommen?

Zum anderen werden Sach- und Wissensfragen gestellt, die mittels eigener Sachkompetenz, mit Hilfe eines Lexikons oder einer Internet-Suchmaschine oder gar eines mehrsemestrigen Studiums -welchen Faches auch immer- beantwortbar sind.

Auch dafür einige Beispiele:

Wie heißt der Stein?
Ist das ein Edelstein?
Wie entsteht der Stein?
Seit wann gibt es diesen Stein?
Warum kommen die Steine aus der Erde?
Sind das Kristalle in dem Stein?
Wie hat der Stein seine Form bekommen?

Drittens erleben wir Fragen, deren Beantwortung ausschließlich über eigene Reflexionskompetenz erfolgt, wo weder Lexikon noch Google helfen: Das sind die philosophischen oder Sinnfragen, die den Ausgangspunkt für nachdenklich-philosophische Gespräche markieren.

Auch diese finden sich im Fragenkatalog aus Hamm:

- Ist der Stein wertvoll? (Philosophieren über Werte, bestimmt der Kaufpreis den Wert?)
- Ist der Stein ein Lebewesen? (Philosophieren über die Begriffe „Leben" und „Tod" - „Sterben Steine auch?")
- Wieso heißt der Stein „Stein"? (Philosophieren über Sprache, wie die Dinge zu ihren Namen kommen könnten)
- Ist der Stein besonders? (Philosophieren über das Besondere und das Allgemeine, was alle Steine besitzen)
- Ist der Stein schön? (Philosophieren über den Begriff „schön")
- Wieso ist der Stein so wichtig? (Philosophieren über die Bedeutung der Dinge für Menschen)

Doch nicht allein Kinderfragen lassen sich kategorisieren, gleiches gilt ebenfalls für alle Fragen, die Erwachsene in Familie und pädagogischen Berufen an Kinder richten: Die am häufigsten vorkommenden Kategorien sind die periphalen Fragen, danach folgen die sensationalen und schließlich, nicht zufällig von einem gewissen Seltenheitswert, die existenzialen Fragen.

Literaturangaben

Aristoteles. Metaphysik. In: Seidl, H. (Hrsg.), Philosophische Schriften in sechs Bänden. Band 5. Hamburg: Meiner 1995)

John Dewey, Wie wir denken. Zürich 1951

Jostein Gaarder, Hallo, ist da jemand? München 1999

Andreas Nießeler, Schule der Fragen. In: Susanna May-Krämer, Hans-Joachim Müller, Andreas Nießeler (Hrsg.), Alltägliches - Besonderes - Unerwartetes. Protokolle philosophischer Denkwege von Kindern, S. 177 – 187. München

Neil Postman, Keine Götter mehr: Das Ende der Erziehung. Berlin 1995

Gertrud Ritz-Fröhlich, Kinderfragen im Unterricht. Bad Heilbrunn 1992

Wolf Singer im Interview mit Linda Reisch. In: E&W, Nr. 1/2004, S. 9-11

Gedankenperle

Ich lebe mit einer Frage.
Seit langem steht sie im Raum.
Biete ich ihr einen Platz an,
so setzt sie sich doch nicht.
Sie will gestellt sein,
aber sie lässt sich mit einer Antwort
nicht abspeisen.
Sie will
mich.

Der Stein als Anfang des Weges zu den vier Fragen nach dem Weltbegriff

(Immanuel Kant)

Warum Steine?

Steine begegnen Kindern mehrmals täglich in ihrer unmittelbaren Wirklichkeit: Häuser, Straßen, Brücken und vieles mehr.

Aber Steine tauchen auch in Redewendungen, Sprichwörtern, Namen und in der Literatur, vor allem Märchen, auf. Die meisten Kinder verfügen bereits über eigene Erfahrungen im Umgang mit Steinen, positive wie negative. Sie nehmen sie in die Hand, werfen, spielen oder bauen mit ihnen. Manche Kinder bewahren einen „Glücksstein" auf, andere sammeln Steine.

Steine besitzen eine gewisse Anziehungskraft für Kinder, sie faszinieren, wenn sie bestimmte Erscheinungsformen aufweisen, sie verlocken dazu sie anzufassen, sie erwecken Neugier und Motivation, sich mit ihnen zu beschäftigen, etwa sie zu bemalen oder gar als heimlichen Freund bzw. heimliche Freundin zu behandeln.

Es sind zum einen der Reiz des unbelebten Gegenstandes (obwohl, wie noch an anderer Stelle gezeigt werden wird, einige Kinder ihn durchaus als „Lebewesen" betrachten) sowie die mit Steinen verbundenen Geschichten und gewisse symbolische Bedeutungen, die zum Philosophieren mit Steinen anregen und herausfordern.

Steine verkörpern nicht allein für Kinder eine eigene Welt. Eine Welt, die nicht den rasanten Veränderungen der „wirklichen" Welt unterliegt, aber die doch eine gewisse Vielfalt in ihren Gestalten, Zuständen sowie Formen zeigt und Widersprüche verzeichnet.

Die Widersprüche in der Wirklichkeit zu benennen und womöglich einen Vorschlag zu ihrer Bewältigung im Denken zu machen, ist die Theorie der dialektischen Wirklichkeit. Was davon findet sich bereits im kindlichen Denken wieder?

Kind (1. Klasse): „Alle Steine haben gemeinsam, dass sie verschieden sind." (!)

Hegel lehrte uns am Beispiel von „Herr und Knecht", wie die Wahrnehmung des Widerspruchs in der Sache selbst, der in der logischen Identität des Begriffs verdeckt bleibt, geschieht: Der „Herr" ist nur ein Herr, wenn es einen Knecht gibt. Der Begriff schließt sein Gegenteil ein, der Begriff ist das Denken des Gegensatzes als Einheit, die Widerspiegelung des Sachverhalts. Im Begreifen des Begriffs wird der Sachverhalt als in sich widersprüchlich erkannt. Gelingt das auch mit Kindern beim Begriff „Stein"?

> Kind (2. Schuljahr): „Ja, alles was ist, lebt, wenn es nicht mehr ist, dann ist es tot. Der zerbröselte Stein ist kein Stein mehr, also tot." (Anlass für diese Äußerung war eine Diskussion, ob es sich bei Steinen um Lebewesen handelt, zugespitzt in der Frage, ob demnach Steine sterben können?).

Hier bietet sich eine Gelegenheit, das Denken in Gegensätzen (Gegensatzbegriffen) zu üben (nicht nur für Kinder!): Was ist dann der „zerbröselte Stein", wenn er kein Stein mehr ist? Vielleicht Sand? Oder irgendetwas anderes, wofür wir noch keinen Begriff haben? Was könnte überhaupt das Gegenteil von „Stein" sein? Welche Rolle spielen dabei die Eigenschaften des Gegenstandes bei der Suche nach seinem Gegenteil, und damit nach dem Gegensatzbegriff?

Allein der Rückgriff auf kindliche Erfahrungsschätze im Umgang mit Steinen öffnet Wege zum Philosophieren, zur Entstehung philosophischer Denkbewegungen, wie das nachfolgende Beispiel eindrucksvoll demonstrieren mag.

Die Frage, was man mit Steinen alles machen könne, führt in den Antworten der Kinder direkt zu den berühmten vier Fragen des Immanuel Kant zum Weltbegriff:

Mit Steinen kann man bauen, aber wer mit Steinen bauen will, braucht dieser Jemand nicht gewisse Kenntnisse über Möglichkeiten und Grenzen, vielleicht sogar Erkenntnisse über das Wesen der Materie, die für den genannten Zweck benutzt werden soll? Die Nähe zur ersten Kant'schen Frage „Was kann ich wissen?" (Erkenntnislehre) ist unverkennbar.

> Kind (4. Klasse): „Ich muss etwas über Statik wissen, sonst stürzt mein Haus, das ich bauen will, ein."

Mit Steinen zu werfen, sie über eine Wasseroberfläche „flitschen" zu lassen, gehört zu den beliebten Beschäftigungen nicht nur im Kindesalter. Aber es gäbe auch andere Situationen, die enger mit der Frage verknüpft sind, wann ich mit Steinen werfen darf und wann nicht. Kant fragt „Was soll ich tun?" (Ethik) und löst auf diese Weise einen ethischen Diskurs aus, der zur Bedeutung von Regeln, Normen und Werten führt.

Kind (3. Klasse): „Wenn mich ein Großer angreift und ich habe nur den Stein, dann darf ich den werfen, um mich zu verteidigen."

Der bereits erwähnte „Glücksstein" befindet sich in erstaunlich vielen Kinderzimmern, verbunden mit der Hoffnung, dass er wirklich Glück bringen möge. Die dritte Kant'sche Frage „Was darf ich hoffen?" (Metaphysik) findet sich in diesen kindlichen Gedanken wieder:

Kind (2. Klasse): „Man muss nur fest daran glauben, dann bringt mein Stein auch Glück."

Schließlich: Das Sammeln von und Spielen mit Steinen gehört auch zu den von Kindern im nachdenklich-philosophischen Gespräch thematisierten, menschlichen Wesensmerkmalen, die in der vierten Kant'schen Frage „Was ist der Mensch?" (Anthropologie) hinterfragt werden.

Auf Kinder und Jugendliche bezogen, lassen sich die Kant'schen Fragen ein wenig vereinfachen:

Was weiß ich? Was kann ich? (Erkenntnislehre)
Was will oder muss ich tun und warum? (Ethik)
Wo liegt der Sinn? Mein Lebenssinn? (Metaphysik)
Wer bin ich? Was gehört, was passt zu mir? (Anthropologie)

Nicht genug damit: Ihre symbolische Bedeutung zum Beispiel als Ausdruck von „Stärke" oder „Härte", ihr ästhetischer Gehalt in Form von „Steine-Bildern", die Besonderheiten eines Steins im Vergleich zum Gemeinsamen aller Steine, was die Fähigkeit erfordert, zufällige von notwendigen Eigenschaften eines Gegenstandes unterscheiden zu können, oder die sprachliche Verdichtung von Welt, die sich in der Frage „Warum heißt ein Stein ‚Stein' und nicht ‚Blubb'" ausdrückt, verdeutlichen nachdrücklich, warum das Phänomen „Stein" sich in besonderer Weise als Einstieg ins Philosophieren mit Kindern eignet.

Kleine Anmerkung am Rande: Nicht zuletzt der Wortbaustein „stein" (man beachte die Tautologie!) schafft zahlreiche Möglichkeiten, ins Philosophieren über Sprache zu geraten!

Gedankenperle

Mikko (11 Jahre) in einer philosophischen Gesprächsrunde über „Musik" auf die Frage, was der Dichter Rainer Maria Rilke mit dem Satz „Die Dinge singen hör' ich so gern" gemeint haben könnte: „Der Stein strahlt so einen Gesang aus. Die Form, die Massigkeit des Steins, würde mir wie ein Klang in meinen Kopf springen."

Philosophieren mit Kindern versteht sich selbstverständlich vor allem als Wahrheitssuche, wobei „Wahrheit" im dialektischen Sinne verstanden wird als die Transparenz der Konstituierung von Sinn in einer Mannigfaltigkeit von einzelnen Tatsachen. Zunächst ergibt sich immer ein Sinn in kleineren Zusammenhängen, was beim Philosophieren stets darstell- und erprobbar erscheint. Das Ganze ist indessen nicht als Erfahrung gegeben, sondern selbst ein Sinnentwurf, dessen Wahrheit nur darin besteht, dass er sich als sinngebend für die einzelnen Fakten erweist.

Wie lassen sich diese Gedanken am Beispiel „Stein" veranschaulichen? Konstituiert der Stein einen Sinn lediglich dann, wenn etwas mit ihm „gemacht" wird (siehe oben) oder liegt sein Sinn in seiner Existenz? Vielleicht hilft ein Gedankenexperiment: Wie wäre eine Welt ohne Steine?

Philosophieren kommt stets an einen Punkt, wo nach dem Sinn von etwas gefragt wird. Insofern hilft ein philosophischer Blick den Kindern, sich in jene Welt, in die sie hinein geboren wurden, „einzuhausen", indem sie den Sinn der sie umgebenden Dinge erkennen. Das ist eine wesentliche Voraussetzung für die Entwicklung einer Einstellung, aus der eine Haltung erwächst, die alle Menschen unabhängig von ihrem Alter anstreben, nämlich die Welt vertrauend annehmen zu können.

Die „Sache Stein"

Ästhetisches Lernen und Philosophieren als Unterrichtsprinzip am Beispiel der Sache „Stein"

Ästhetisches Lernen und Philosophieren mit Kindern – wie passen beide Lernformen zusammen? Verfügen sie möglicherweise über den gleichen Ursprung? Anhand von vier Unterrichtsbeispielen in den Fächern Sachunterricht, Deutsch, Mathematik und Kunst wird das methodisch-didaktische Zusammenspiel untersucht und zudem der Nachweis angetreten, dass Lerntheorien sich nicht durch „Abwesenheit von Welt", also „Weltlosigkeit" auszeichnen müssen.

Das nicht-wertende Vergleichen gehört zu den zentralen Techniken der Philosophie und des Philosophierens. Es verweist im Ergebnis auf Unterschiede, Ähnlichkeiten und Gemeinsamkeiten der verglichenen Gegenstände.

Wer ästhetisches Lernen und Philosophieren auf diese Weise betrachtet, kommt zu der wenig erstaunlichen Erkenntnis, dass es sich um Geschwister, wenn nicht gar um Zwillinge handelt.

Die Bestimmung der Mutterschaft gerät dagegen schwieriger, weil verschiedene Möglichkeiten in Betracht kommen: Pädagogik, Didaktik oder Lerntheorie. Die größte Nähe verzeichnen die Zwillinge allerdings zur „Mutter Lerntheorie", weil ästhetisches Lernen und Philosophieren sich als die wirksamsten Mittel gegen Lerntheorien erweisen, die sich vor allem durch ihre „Weltlosigkeit" auszeichnen (vgl. Klaus Holzkamp, Lernen. Subjektwissenschaftliche Grundlegung 1995).

Für die praktische Erprobung dieses „Zwillingsdaseins" erscheint das Ergebnis eines „Mutterschaftstests" allerdings eher zweitrangig. Wenn wir etwa Ästhetik als eigenständige Disziplin, als allgemeine Theorie der sinnlichen Erkenntnis und die Einbeziehung des Bereichs des Empfindens und Fühlens in den Zusammenhang der Philosophie verstehen, wird ein erster Zusammenhang zwischen ästhetischem Lernen und Philosophieren sichtbar. Die Einschränkung der Ästhetik auf die Theorie der Künste widerspräche dagegen der Auffassung, der zufolge unsere Sinnlichkeit wesentlich praktische, menschlich-sinnliche Tätigkeit ist. (vgl. Karl Marx, Thesen 5 und 9 über Feuerbach).

Ästhetisches Denken wäre demnach der Versuch, die dialektische Beziehung zwischen Anschauung und Wesen eines Phänomens zu erkennen. Ästhetisches Denken führte so zum Verstehen, zu der Fähigkeit, sich ein Bild von etwas machen zu können.

Merkmale des ästhetischen Lernens und des Philosophierens mit Kindern gleichen sich auf verblüffende Weise: Beide Formen der Aneignung von Welt integrieren Emotionales mit geistig Aktivierendem, verlangen eine hinterfragende Haltung, geschehen ästhetisch-reflexiv und beziehungsvoll, gelingen nicht ohne Imagination und Gedankenexperimente, verlaufen kooperativ und kommunikativ, konstruieren eigenes Wissen im subjektiven Rahmen der „Zone der nächsten Entwicklung" (Wygotsky) und beschränken sich selten auf die von einem Schulfach gesetzten, meist willkürlichen Grenzen.

Aus diesen Überlegungen ergibt sich: Ästhetisches Lernen als Möglichkeit über die differenzierende Wahrnehmung der Erscheinung deren Wesen zu erkennen, ganz im Hegelschen Sinne, wonach das Bekannte noch lange nicht erkannt ist, ist als Form des schulischen(und außerschulischen)Lernens, am ehesten geeignet, das Philosophieren mit Kindern als Unterrichtsprinzip im Schulalltag zu verankern.

Ästhetisches Lernen und Philosophieren widerstehen zudem vereint der zunehmenden Tendenz, Schule zu ent-pädagogisieren, oder anders ausgedrückt: Sie leisten einen Beitrag zur Rekonstruktion einer Schule der Pädagogen, statt diese einem ökonomisch geprägtem Denken und Handeln auszuliefern.

Denn darum geht es vordringlich in Lernprozessen: Nützliches erfahren, Freude am Gelingen erleben, Lust am Verstehen spüren, den Reiz einer Herausforderung genießen. Dabei verweisen Erleben, Gefallen empfinden, Freude, Neugier und Genuss auf die ästhetische Dimension des Lernens, die in der Schule stärker genutzt werden könnten.

Unterrichtlich erprobte Beispiele aus den Bereichen Sachunterricht (Sache), Deutsch (Wort) und Kunst mögen anschaulich verdeutlichen, was die Verbindung von ästhetischem Lernen mit dem Philosophieren als Unterrichtsprinzip (und umgekehrt) an Wissenserwerb (wenn wir „Wissen" als eine mit Bedeutung versehene Information verstehen) zu leisten vermag.

Die Sache „Stein“ (Foto)

Bild: Ines Müller

> „Eine irritierende Wahrnehmung auflösen, möchte man möglichst sofort. Das Ziel ist für die Zukunft, aber auch für den Augenblick bedeutsam.“ (Kahlert, S. 20)

Ein Stein verkörpert bereits für viele Kinder das Selbstverständliche, das nichts Irritierendes enthält. Wo aber das Selbstverständliche nicht mehr selbstverständlich erscheint, schlägt laut Hegel die Stunde der Philosophie. Der präsentierte Stein erfüllt dieses Kriterium.

Zunächst staunen die Kinder über das Wahrgenommene, sie verlieren für einen kurzen Augenblick ihre mentale Balance („Staunen"), das Gesehene trifft nicht ihre gewöhnliche Erwartungshaltung gegenüber der Sache „Stein". Das Staunen aber wird im Philosophieren mit Kindern als die erste Basiskompetenz verstanden, über die alle Kinder verfügen, die nicht erlernt werden muss.

Vielleicht geschieht in diesem Augenblick das, was Kahlert so beschreibt:

> „Man empfindet das Wahrgenommene als bedeutsam, sucht aber noch nach Bedeutung. Hinter der Wahrnehmung drängen Akte des Verstehens."

Aus dem Vorgang des Staunens erwächst die Neugier, mehr über diesen Gegenstand zu erfahren. Die Verlängerung der Wahrnehmung unterstützt die Entwicklung einer Fragehaltung, sie erlaubt, frag-würdige Eigenschaften und Zusammenhänge eines Phänomens sowie persönlich interessierende Probleme zu benennen (vgl. Freeß, S.95). Auf diese Weise entsteht „Wissen, nach dem man sucht und um das man sich bemüht, weil man seine Bedeutung spüren konnte - anstatt sie bloß erklärt zu bekommen." (Kahlert, S. 22).

Nach ausgiebiger Betrachtung des Steins formulierte die Klasse 3b der Grundschule Ofen in der Gemeinde Bad Zwischenahn (Niedersachsen) nachfolgende Fragen an und über den Stein:

Fragen an den Stein (Klasse 3)

Woher kommt der Stein?
Wie groß ist der Stein?
Wie alt ist der Stein?
Wieso hat der Stein ein Muster?
Wie ist das Muster in den Stein reingekommen?
Wieso ist der Stein so gelb, weiß und braun?
Ist das eine Muschel?
Ist das von einem Stein abgemacht worden?
Hat das einer zurecht gebohrt oder mit einem Hammer und Nagel gemacht?
Ist er in einer Fabrik gemacht worden?
Hat der Stein einen Namen?
Wie kommen die verschiedenen Farben in den Stein?
Warum ist auf der einen Seite ein Muster und auf der anderen Seite nicht?
Wie ist die Schnecke reingekommen?
Wieso ist sie da reingekommen?

Was ist das für ein Muster?
Warum ist das orange?
Warum ist da etwas Weißes?
Warum sind da Ritzen drin?
Wieso sieht der Stein wie ein Schneckenhaus aus?
Wieso sieht der Stein innen drin wie eine Treppe aus?
Warum ist der Stein von der einen Seite huckelig?
Warum hat der Stein drei verschiedene Farben?
Warum sieht der Stein wie eine Zugschiene aus?
Welches Fossil ist das?
Wie ist das Fossil entstanden?
Woher kommt das Fossil?
Wieso ist der Stein geriffelt?
Bist du ein totes Seepferd?
Wie viele Beine hast du?
Wie viele Ritzen hast du?
Was ist im Stein?
Bist du ein Panzer?
Was bist du?
Was bist du für ein Tier?
Was ist da denn in der Mitte?
Warum hat das Streifen?
Hast du eine Frau?
Bist du eine Schnecke im Ruhestand?
Hast du Kinder?
Wie schmeckst du?
Hast du Freunde?
Hast du schon einmal gelebt?
Warst du schon einmal am Strand?
Wie schwer ist der Stein?
Wie viele Farben hat der Stein?
Ist das ein Skelett von einem Dino, der klein ist?
Wie ist das Fossil in den Stein gekommen?
Ist das Fossil von früher?
Was ist das, was in der Mitte von dem Stein ist?
Warum hat der Stein Streifen?
Kann der Stein rollen?
Wie weit kann ein Vulkanstein fliegen?

Was ist mit dem Stein passiert?
Vor wie vielen Jahren ist der Stein entstanden?
Lebt der Stein?
Warum ist der Stein so?
Magst du den Stein?
Was könnte das sein?
Welche Form hat wohl der Stein?
Was schätzt du, wann wurde der Stein gefunden?
Ist der Stein glatt?
Kann der Stein irgendwann sterben?
Was wiegt der Stein?

Bereits ein erster Blick auf diese Fragensammlung verdeutlich, dass nicht in den vermeintlichen Antworten, sondern im Entwickeln von Fragestellungen der eigentliche, kreative Akt liegt, indem er die Antwort - das Deuten des anschaulich Wesentlichen im Sinne des ästhetischen Lernens und des philosophierenden Zugangs - antizipiert. Es gibt keine wirkliche hermeneutische Erfahrung ohne die vorläufige Aktivität des Fragens. Im herkömmlichen Unterricht finden wir dagegen auf jede Antwort eine Frage, Lernen erscheint nicht wenigen Kindern demnach als eine Veranstaltung, in der unentwegt Antworten auf nicht gestellte Fragen geliefert werden (sollen).

Gleichzeitig wäre eine Aufstellung hilfreich, welche Themen des Sachunterrichts sich aus dieser Fragensammlung ableiten ließen, wobei der Ausgangspunkt in einer Kinderfrage läge - im Unterschied zu der ansonsten üblichen Unterrichtspraxis.

Der erste Schritt wäre getan:

Die Kinder haben sich sinnenhaft und fragend zur Sache „Stein" in Beziehung gesetzt und können daraus die Motivation schöpfen, sich aus eigenem Antrieb der Sache zu nähern.

Im zweiten Schritt betrachten die Kinder eine Steine-Sammlung .

Bekanntlich offenbart sich jedes Naturphänomen durch wesentliche, anschauliche Eigenschaften. Dazu gehören Farbe, Bewegung, Form/Gestalt sowie die sich aus der Stofflichkeit ergebende Oberflächenbeschaffenheit. Dieses Sichtbare kommt aber nicht in reiner, sondern stets in komplexer Form vor. Es verkörpert die sichtbare Struktur von Wirklichkeit. Die differenzierende Wahrnehmung dieser anschaulichen Qualitäten eines Steins führt im Prozess nachdenkender Annäherung zum Erkennen des Wesens dieses Gegenstandes „Stein". Die Sprache dient dabei als Werkzeug der Erkenntnis.

Deshalb trägt das zweite Praxis-Beispiel den Titel ...

Das Wort „Stein"

„Warum heißt der Stein ‚Stein' und nicht ‚Blubb'?"

Es geht dabei aber auch um den Zusammenhang von Ding und Namen und möglicherweise um die Frage „Wie entsteht Sprache?".

Exemplarisch widerspiegelt dieses Beispiel zudem den didaktischen Dreischritt des Philosophierens in Gestalt des Erkundens, Erprobens und Prüfens, der wiederum eine gewisse Parallelität zum „ästhetischen Lernen" im Sinne von „Wahrnehmen, Denken, Verstehen" augenscheinlich werden lässt.

Erkunden

Jedes Kind nimmt sich aus einer großen Auswahl verschiedener Steine einen Stein, der ihm gefällt. Es zeigt den Stein der Kinderrunde und sagt, warum es sich für diesen Stein entschieden hat. Der Nennung von Gründen kommt besondere Bedeutung zu, da Philosophieren in erster Linie im Erwägen von Gründen und nicht im Gegeneinanderstellen von Meinungen besteht.

Erproben

Die Kinder nennen Merkmale, die ihrer Meinung nach allen Steinen gemeinsam sind. Die den Kindern helfenden, rhetorischen Figuren konnten lauten: „Alle Steine haben..." oder „Alle Steine sind...".

Klasse 4

Alle Steine haben einen Kern
Alle Steine sind verschieden
Jeder Stein hat seine eigene Form
Jeder Stein hat ein bestimmtes Gewicht
Jeder Stein heißt „Stein"
Jeder Stein hat etwas Besonderes an sich
Jeder Stein hat seinen eigenen Namen
Alle Steine wurden irgendwie hergestellt
Jeder Stein hat seine eigene Wärme und Kälte
Jeder Stein hat seine eigene Größe
Alle Steine haben irgendetwas Komisches an sich
Alle Steine sehen von jeder Seite anders aus
Alle Steine haben irgendwo einen Punkt
Jeder Stein kann einen an etwas erinnern
Alle Steine sehen (für mich) besonders schön aus
Man kann jeden Stein zerstören
Man kann alle Steine bewegen
Alle Steine haben eine Farbe
Alle Steine haben eine Form
Alle Steine haben ein Muster
Alle Steine sind rund
Alle Steine haben etwas innen
Alle Steine haben eine Art
Alle Steine sind anders
Alle Steine fühlen sich anders an
Alle Steine kommen woanders her
Alle Steine riechen anders
Alle Steine sehen anders aus
Alle Steine kann man fühlen
Alle Steine kann man riechen
Alle Steine kann man sehen
Alle Steine kann man hören
Alle Steine kann man schmecken
Alle Steine waren rau
Alle Steine sind hart
Alle Steine leben woanders

Alle Steine leben
Alle Steine stehen anders
Alle Steine benutzt man anders
Alle Steine sind verschieden fettig
Hinter allen Steinen steckt eine Figur
Alle Steine können fallen
Alle Steine hören sich anders an
Alle Steine haben besondere Eigenschaften
Alle Steine haben verschiedene Markierungen
Alle Steine heißen in der Grundform „Stein“
Alle Steine sind verschieden schmutzig
Alle Steine verändern sich Tag für Tag
Alle Steine haben ein anderes Merkmal
Alle Steine sehen von innen anders aus
Alle Steine liegen woanders
Alle Steine haben einen Wasser- oder Luftpartner
Aus allen Steinen kann man etwas machen
Wasser kann auf Steinen nicht versickern
Alle Steine haben einen gleich aussehenden Partner
Alle Steine sondern nach langem Reiben Fett ab
Alle Steine glänzen in der Sonne
Alle Steine sind unterschiedlich hoch
Alle Steine sind etwas Besonderes
Alle Steine haben ein Muster
Alle Steine haben etwas Schönes
Alle Steine haben eine Mitte
Alle Steine bringen Glück
Alle Steine kann man finden
Alle Steine kann man mitnehmen
Alle Steine kann man bewundern
Alle Steine sind wertvoll
Alle Steine haben eine Delle
Alle Steine sind unterschiedlich alt
Alle Steine sind interessant
Alle Steine sind ein Teil der Erde
Alle Steine helfen uns mehr über die Vergangenheit heraus zu finden
Alle Steine kommen aus dem Meer zu uns
Alle Steine sind auf der Erde verteilt

Alle Steine helfen uns, etwas heraus zu finden
Alle Steine stammen aus dem All
Alle Steine gehen im Wasser unter
Alle Steine erzählen Geschichten
Alle Steine bestehen aus Kalk
Alle Steine sind, wenn man sie findet, kalt
Alle Steine sind ein bisschen oder mehr beschädigt
Alle Steine leben im Meer und auf dem Land
Alle Steine sind alt
Alle Steine sind klein
Alle Steine sind rund und eckig
Alle Steine haben ein Leben

Die Aussagen werden notiert und in einer zweiten Runde hinterfragt: Ist das immer so? Ist das bei allen Steinen so? Könnte es vielleicht auch anders sein?

Die nach dem Hinterfragen übrig gebliebenen Merkmale werden sortiert und danach befragt, ob wir nun wissen, was ein Stein ist und warum ein Stein „Stein" heißt und nicht etwa „Blubb"?

Die Frage „Woher weißt du eigentlich, dass dieses Ding ‚Stein' heißt?" leitet zur prinzipiellen Betrachtungsweise über: Woher haben die Dinge ihren Namen? Haben alle Dinge einen Namen?

Prüfen

Wenn wir uns alle einig wären, könnte dieser Stein dann „Blubb" heißen? Kann jeder Mensch seine eigene Sprache erfinden?

Anregungen zum eigenen Nachdenken während oder nach der Lektüre dieses Beispiels: Das Wesen eines Flusses wird durch den Umstand bestimmt, dass das Wasser fließt (Vorwärts-Bewegung).

Wodurch bestimmt sich das Wesen eines Steins?

Um das Wesen zu erklären, bedarf es aber nicht nur des Sehens, sondern auch der zutreffenden Begriffe. Im Sinne Gunter Ottos ist ästhetisches Denken wahrnehmendes Denken, das auf die Erschließung der Bedeutung des Wahrgenommenen gerichtet ist. Ästhetisch sind daher das Erkennen und die Wirklichkeit der jeweiligen Seinsart.

Wir erleben täglich, dass ästhetische Aktivität in ikonischer Form (Produktion und Rezeption) einen wesentlichen Teil der ästhetischen Aktivität der Gesellschaft bildet. Doch obwohl sich Ästhetik nicht auf die Theorie der Künste beschränkt, erscheint es aus Gründen der Unterscheidbarkeit zweckmäßig, bereits mit Kindern den Versuch einer Begriffsklärung „Was ist eigentlich ‚Kunst' zu unternehmen.

Dabei bedienen wir uns der Methode des „Sokratischen Gesprächs", weil diese Form zum selbstständigen Entwickeln von Erklärungskonzepten durch die Kinder ebenso beiträgt wie zum diskursiven Durchdringen des Wahrgenommenen durch verweilendes Nachdenken (ästhetisches Denken).

Gleichzeitig erfahren die Kinder aber auch, dass ihre Meinungen über alles, was Kunst ist, überprüft, präzisiert und vielleicht sogar verworfen werden können. Diese Meinungen sind partikulare Meinungen, ob bezogen auf Sachverhalte, auf gesellschaftliche Normen oder auf ästhetische Äußerungen. Diese Meinungen können nicht universell sein, weil jedes Kind aufgrund seiner eigenen, unverwechselbaren Sozialisations- und Lebensgeschichte eine andere Weltsicht hat. Diese ist nur darum verhandelbar, weil sie eingegrenzt wird durch den kulturellen Raum, der allen Kindern gleichermaßen gegeben ist. Demgegenüber wird auch schon in kindlichen Äußerungen Wahrheit ihrer Natur nach als universell angesehen, was nicht selten zu Rechthaberei führt. Im „Sokratischen Gespräch" wird dagegen, ausgehend von den partikularen Auffassungen, etwas gesucht, worin alle übereinstimmen können. Diese Suche findet auf dem Wege der Abstraktion statt.

Wahrheit im „Sokratischen Gespräch" heißt, dass es die Wahrheit für diejenigen ist, die in der Runde sitzen. Und das auch nur für die Zeit, in der das Gespräch geführt wird.

Kann ein Stein „Kunst“ sein?

Kunstbegriff(e) der Kinder klären

Was ist eigentlich Kunst?

Der Versuch geschieht mithilfe des didaktischen Dreischritts des Philosophierens: Erkunden, erproben, prüfen.

Erkunden

Die Kinder erzählen, wo und bei welcher Gelegenheit sie schon einmal „Kunst“ begegnet sind und weshalb sie das Gesehene bzw. Erlebte für „Kunst“ halten (Gründe).

Erproben

Es wird auf einen Stein (Foto) verwiesen und daran die Frage geknüpft: Ist dieser Stein Kunst?

Der erste Schritt im Abstraktionsprozess ist das Sammeln von Eigenschaften für ein Kunstprodukt, die sich an diesem Beispiel (Stein) beschreiben lassen. Die Kinder nennen in ihren Antworten auf diese Frage Merkmale für Kunst, indem sie Gründe dafür anführen, ob dieser Stein Kunst sei oder nicht. Diese werden notiert.

Der zweite Schritt auf dem Abstraktionsweg ist das Zusammenfassen der bisher gesammelten Eigenschaften. Es lassen sich etwa in diesem Schritt die Attribute für ein Kunstprodukt von den Attributen für ein Nicht-Kunstprodukt sondern.

Es folgt im dritten Schritt die Frage nach weiteren Beispielen auf dem Hintergrund der bereits gesammelten Eigenschaften. Dadurch soll das genaue Hinsehen geübt werden, das oberflächliche Betrachtungsweisen vermeiden hilft.

In der vierten Runde werden die gesammelten Eigenschaften daraufhin untersucht, ob sie eher hinreichend oder notwendig für den jeweiligen Gegenstand erscheinen.

Notwendige Eigenschaften bei der Wesensbestimmung sind solche, die, würde man sie der Sache wegnehmen, dazu führen, dass es sich nicht mehr um diese Sache handelt, sondern um eine andere. Beispiel: Notwendiges Merkmal für ein Dreieck ist seine Winkelsumme von 180 Grad. Ohne diese wäre es kein Dreieck, hinreichend wären dagegen die Länge seiner Schenkel. Abstraktion heißt nun, dass wir die zufälligen Eigenschaften herausnehmen: „Denkt bitte jetzt nach, welche dieser Eigenschaften an jedem Kunstprodukt erkennbar ist!“ Dann werden die Eigenschaften einzeln abgefragt: „Ist diese Eigenschaft an jedem nur denkbaren Kunstprodukt erkennbar?“ Auch hier ist der Ort für Argumentation.

Der fünfte und letzte Schritt ist die Erarbeitung von wesentlichen Kriterien: „Wodurch kann ich einen Kunstgegenstand von jedem anderen beliebigen Gegenstand unterscheiden?“

Mit Sicherheit findet an dieser oder anderer Stelle eine Auseinandersetzung um die Frage statt, ob Natur(-gegenstände) Kunst sein kann (können).

Werden diese Kriterien gefunden (Beispiel: Bedeutung des Gegenstandes, die über das Geschaffene, seine Form und Funktion, hinausweist), ist es möglich, ein Kunstprodukt von allen möglichen anderen Produkten zu unterscheiden. Mit diesen Kriterien hätten wir eine Begriffsbestimmung eines „Kunstproduktes“ vorgenommen, die das Wesentliche enthält.

Prüfen

Male oder zeichne einen Stein, der deiner Meinung nach „Kunst“ ist.

In der dargestellten Weise eines „Sokratischen Gesprächs“, aber auch im Kontext der anderen Unterrichtsbeispiele schält sich das wesentliche Ziel sowohl des ästhetischen Lernens als auch des Philosophierens mit Kindern heraus: Mündigkeit! Mündig sein setzt aber Verstehen voraus, welches aus bewusstem Wahrnehmen und dem Hinterfragen des Wahrgenommenen hervorgeht und dieses Wahrnehmen dadurch vom bloßen Aufnehmen in ein sinnvolles, ein geistvolles Wahrnehmen verwandelt. Dies vermag ästhetisches Denken in Verbindung mit Philosophieren nachhaltig zu leisten.

Verwendete Literatur

Doris Freeß, Ästhetisches Lernen im fächerübergreifenden Sachunterricht. Hohengehren 2002 (S.95 ff.)

Klaus Holzkamp, Lernen. Subjektwissenschaftliche Grundlegung. Frankfurt 1995

Joachim Kahlert, Gabriele Lieber, Sigrid Binder (Hrsg.), Ästhetisch bilden. Braunschweig 2006 (S.20-22)

Gunter Otto, Wahrnehmen, erfahren, erkennen. In: Pädagogik 44. Jg. 1992, H. 12, S. 6/7

Ist ein Stein auch ein „Ding"?

Mit Kindern über „die Dinge" philosophieren

Die Dinge beeinflussen in ihrer Erscheinung Wahrnehmung und Denken der Kinder, gleichzeitig entwickeln die Kinder vielfältige Beziehungen zu den Dingen. Dieses dialektische Subjekt-Objekt-Verhältnis eignet sich in besonderer Weise zum Einstieg in Denkbewegungen, die durchaus philosophischen Charakter annehmen können.

Ein Haufen unterschiedlicher Gegenstände, aus einem Beutel auf den Tisch geschüttet, bietet dazu eine Fülle von Anlässen: Zunächst erproben wir den phänomenologischen Zugang: Was seht ihr? Welche der Dinge kennt ihr nicht?

Eine erste „Beziehungsfrage" könnte lauten: Womit würdet ihr gern spielen? Warum? Natürlich ist auch die Umkehrung erlaubt: Womit würdet ihr unter keinen Umständen spielen wollen? Warum? Fortgesetzt und mit einem anderen Akzent versehen, könnte die „Beziehungsfrage" aber auch lauten: Welches von den Dingen hättet ihr gerne? Warum?

Ordnen und sortieren gehören zweifelsfrei zu jenen Fähigkeiten, derer das Philosophieren dringend bedarf. Dieses den Kindern metaphorisch nahegebracht, geschieht mit dem schon Dreijährigen vertrauten Begriff „aufräumen". Nachdem der Begriff auf seinen Sinn hin hinterfragt wurde („Warum eigentlich aufräumen?"), werden mindestens zwei Behälter (Deckel von Kartons) zur Verfügung gestellt, in welche die Kinder Gegenstände nach einem bestimmten System, dass sie sich selber ausdenken, hinein sortieren können. Die Sortierung aller Gegenstände in die Kategorien „Natur" und „Nicht-Natur" kann als Aufgabe gestellt werden und fordert zu einem ersten Gespräch über den Naturbegriff heraus: „Was ist eigentlich Natur?"

Die Beziehung zwischen den Dingen sichtbar zu machen, die in unserem Kopf entstehen und nicht unbedingt der weltlichen Realität entsprechen müssen, könnte mit der Frage „Welche Dinge passen zusammen?“ eingeleitet werden. Dabei kommt es hier wie bei den anderen Fragen darauf an, dass Gründe genannt werden. „In welches dieser Dinge würdest du dich gern verwandeln?“ ist eine Fragestellung, die durch die genannten Gründe Einblicke in die Subjektivität des jeweiligen Kindes ermöglicht (zum Beispiel auch Wünsche, Sehnsüchte, etc.). Die Sortierung von Gegenständen nach dem Merkmal „schön“ liefert den Einstieg in einen Diskurs über den Schönheitsbegriff. Natürlich ist auch der Gegensatzbegriff „hässlich“ als Sortierungskriterium erlaubt. Selbstverständlich ist auch die Frage nach der Funktionalität der Dinge sinnvoll: „Was kann man mit diesem Ding alles machen?“ „Welches der Dinge würdest du wem gern schenken?“ (Gründe) wäre auch als Einstieg bzw. Überleitung in das Thema „Freundschaft“ denkbar.

Das gemeinsame Nachdenken darüber, weshalb wir bestimmte (mitgebrachte und präsentierte) Dinge als „Lieblingsdinge“ bezeichnen, eröffnet Wege zum Erkennen von Kategorien, nach denen wir Dinge kennzeichnen und bewerten. Die Frage nach der Bedeutung der Dinge lässt sich auch an der Aufgabenstellung „Welche von den Dingen brauche ich unbedingt, welche nicht (Gründe)?“ erproben.

Ein Thema, das beim Philosophieren über die Dinge nicht fehlen sollte, ist die Frage nach dem Wesen der Dinge. „Wann ist dieses Schiff kein Schiff mehr (ich präsentierte den Kindern ein in einem Kindergarten gebasteltes, einfaches Holzmodell, das wir gemeinsam „abbauten“ bis zu dem Zeitpunkt, als ein Kind erstmals rief: „Das ist jetzt kein Schiff mehr!“ Wann ist das Schiff kein Schiff mehr? Jetzt geht es mit Vorschulkindern um das Wesen der Dinge. Im weiteren Verlauf des Gesprächs kommen wir auch zu der Frage nach ihrem Zweck, ihrem möglichen Nutzen und indirekt zu der Frage, was ein gutes, ein gelingendes Leben ausmachen könnte:

Welche Dinge brauche ich unbedingt, welche nicht?

Eine Präsentationsmöglichkeit sind Ausstellungen von Dingen. Neben den genannten Themen wäre auch eine Ausstellung von selbst gefertigten Fantasie-Gegenständen reizvoll. Auf die Frage „Was könnte das sein?“ gibt es keine richtigen oder falschen Antworten, sondern lediglich plausible (begründete) Meinungen.

Begleitet werden können diese Ausstellungen mit einem Gespräch über die Frage: Haben alle Dinge einen Namen? In einem Kindergarten werden die Kinder aufgefordert, ein Ding zu bestimmen, über dessen mögliche Namen wir ins Gespräch kommen wollen. Zu meiner Überraschung war das von den Kindern zum Gesprächsgegenstand bestimmte Ding mein Aufnahmegerät, mit dem ich das Gespräch aufgezeichnet habe.

Einige Aussagen der Kinder:

Aufnehmer, Nachreder, Rekorder Man klopft auf seinen Kopf, dann kommen die Stimmen raus und man kann die Wörter einfach auffangen.

Deshalb kann der Rekorder auch Löffel heißen, wenn man das will.

Frage des Moderators: Warum kann man zum Tisch nicht Löffel sagen?

Weil, da kann man nicht mit essen, da gibt's auch keinen Halter, und weil der nicht so aussieht.

Weitere Frage des Moderators: Wie entstehen Wörter?

Die Menschen haben Leute ausgewählt, die dann die Sachen nennen können, wie sie heißen sollen.

Zusatzfrage: Könnt ihr auch Wörter erfinden, zum Beispiel für das Aufnahmegerät? Plon. Dagafa.

Der **Moderator** beschreitet nun den Weg des nicht-wertenden Vergleichens zwischen Mensch und Tier, mit dem Ziel, das Wesen von Sprache zu erkennen:

Kann ein Pferd wissen, dass das ein Löffel ist?

Aussagen der Kinder

Nein, weil es das noch nicht gesehen hat.

Weil es nicht weiß, dass das keine Möhre ist.

Weil der Löffel auch nicht orange ist.

Die sehen ja nur, die können ja nicht so reden wie wir.

Die Pferde haben das anders gelernt von ihren Mamas und Papas, die das auch wiederum von ihren Mamas und Papas gelernt haben.

Also die können nicht sprechen und die können auch keine Laute wie die Schlangen oder die Giraffen, die könne gar nichts sagen.

Aber Vögel die reden zusammen, die verstehen sich mit piep, piep und a a.

Ein Papagei kann aber reden wie wir, der sagt alles nach.

Können sich verstehen, wenn sie beide die gleichen Stimmen haben.

Wir können die nicht verstehen, weil die nicht so sprechen wie wir.

Zu überprüfen wäre zu guter Letzt auch, welche Gegenstände die Kinder als Standbilder darstellen wollen bzw. können. Manchmal erscheint in der Darstellung als Standbild mehr Verständnis des Kindes vom Wesen eines Gegenstandes als in der sprachlichen Widerspiegelung.

Kann man Brücken statt mit Steinen auch aus Papier bauen?

Ähnlich verhält es sich in der Beziehung zwischen Denken und Tun. Die Kinder bauen etwas und geraten in ein reflexives Gespräch über die Sinnhaftigkeit des Ergebnisses, in diesem Fall einer Brücke. Dabei könnten die Phänomene „Stützen" und „Tragen" eine besondere Bedeutung gewinnen. Im Normalfall assoziieren Kinder beim Stichwort „Brücke" Steine als Baumaterial. Den Begriff in seinem symbolischen und metaphorischen Gehalt zu verstehen, erleichtert die Benutzung von Papier oder Pappe, womit die selbst gebaute Brücke deutliche Unterschiede zu einer wirklichen Brücke aufweist. Der Übergang vom Kindergarten zur Grundschule wird oft mit dem Bild von der Brücke symbolisiert. Schon Kindern ist dieses Bild geläufig, wie ein Unterrichtsversuch „Was ist eigentlich eine Brücke? Philosophieren über einen Gegenstand" mit Kindern eines 2. Schuljahres dokumentiert. Das kindliche Verständnis dieses Begriffs erschließt sich eher durch die philosophische Methode, die in diesem Falle den Weg vom Besonderen zum Allgemeinen nimmt.

Was hat deine Brücke Besonderes?

Die Kinder beschreiben ausführlich die Besonderheiten ihres jeweiligen Bauwerks. Die Vielzahl der von ihnen erwähnten Merkmale verdeutlicht auf beeindruckende Weise die Bereitschaft, sich mit dem selbst Geschaffenen auseinanderzusetzen:

Konstruktion der Ständer, buntes Papier, Haltbarkeit der Brücke, wenn sie nicht hält, ist es keine Brücke, Geländer.
Hexentreppe wegen der Haltbarkeit, Rampe, Größe.
Rampen, Geländer, Pappe.
Sehr stabile Pfeiler, Säulen, Stützen, Pfähle Ständer Pfeiler, Stabilität durch Streichholzschachteln, Unterführung.
Bogenbrücke mit Ständer rum, gestaltetes Umfeld, Zahl der Stützen garantiert Haltbarkeit.
Dreieckige Stützen.
Zwölf Ständer, Breite der Fahrbahn, Begegnungsverkehr möglich, kleines Geländer, kleine Stützen.
Querpfeiler zur Fahrbahn, Stabilisierung.
Turmbrücke, Hängebrücke.
Fahrbahn stabilisiert, klein, aber stabil.

Papiergerollt zwecks Stabilisierung, klein aber stabil, Brücke federt, Vielzahl der Teile (zwölf), Schwierigkeiten bei der Herstellung.

Runde Pfeiler, Instabilität bei schneller Fahrt, Brücke sieht auch instabil aus.

Stützen schmal und geknickt, Zahl der Pfeiler (sechs), kein Geländer.

Streichholzschachteln als Stütze. Schwarzes Papier, Ständerkonstruktion, Quer- und Längsstabilisatoren für Ständer, viele Einzelteile, Höhe des Bauwerkes.

Klorollen als Ständer, fehlende Stabilität.

Größe, wellpappenähnlicher Untergrund zur Stabilisierung der Fahrbahn, Höhe des Bauwerkes, Dicke der Pfeiler, Federung.

Verstärkte Ständer.

Bogenbrücke mit nur einem Pfeiler, geringer Aufwand, niedrig gebaut.

Konstruktion aus Pappe

Hexentreppen, Mehrfachstabilisierung, Federung, hohe Stabilität, Rampengeländer.

Durchfahrtwege, Stabilisatoren, Verstrickungen, kein Geländer.

Zahlreiche Pfeiler, an den Rändern instabil.

Möglichkeiten der Durchfahrt für Schiffe, in der Mitte dicker, tragender Pfeiler, Ständer mit Standflächen.

Nachdem die Kinder ihre selbst vornehmlich aus Papier bzw. Pappe gebastelten Brücken vorgestellt und das jeweils Besondere ihrer Brücke erläutert haben (siehe oben) denken sie gemeinsam über die Frage „Was haben alle Brücken gemeinsam?“ nach:

Alle Brücken haben eine Fahrbahn.

Alle Brücken heißen Brücken.

Alle Brücken müssen stehen (Einwand: Nicht stabil genug gebaute Brücken fallen um, sind aber trotzdem Brücken!).

Alle Brücken brauchen Rampen damit die Autos hinauffahren können (Einwand: Drehbrücke?).

Alle Brücke haben Ständer.

Alle Brücken haben eine Konstruktion.

Wenn das Bauwerk einmal gestanden hat, ist es eine Brücke.

Alle Brücken müssen halten.

Jede Brücke hat Teile.

Jede Brücke hat Vorder- und Hinterteil.

Jede Brücke hat Seiten.

Jede Brücke wird gebaut.

Jede Brücke hat eine Farbe.
Über alle Brücken können Autos fahren.
Jede Brücke hat eine Kreuzung.
Jede Brücke hat ein Material.
Jede Brücke hat einen Boden.
Jede Brücke hat einen Namen.
Jede Brücke hat eine Höhe und eine Tiefe.
Jede Brücke hat eine Länge.
Jede Brücke ist befestigt (zum Beispiel in der Erde).
Jede Brücke hat eine Größe.
Jede Brücke hat etwas zum Drunterdurchfahren.
Jede Brücke hat eine Durchfahrt.

Ganz bewusst werden zu beiden Fragen alle Kinderäußerungen ohne Ausnahme wiedergegeben.

Die von ihnen bestimmten Wesensmerkmale einer Brücke lassen sich gut verwenden, den symbolischen Gehalt dieses Bauwerks zu deuten.

Die Brücke verbindet zwei voneinander getrennt existierende Dinge, sie ermöglicht ein gefahrloses Überschreiten, sie kommt in verschiedenen Formen daher, manchen laufen schnell hinüber, manche langsam, Schritt für Schritt, manche bleiben stehen, blicken zurück, möchten vielleicht sogar zurück, einige nehmen etwas mit zum neuen Ufer hinüber, andere lassen vieles zurück, manchen passieren die Brücke furchtlos, anderen ist ein wenig ängstlich zumute, einige wenige möchten die Brücke nicht betreten, sie erscheint ihnen nicht stabil genug, andere würden lieber über das, was die beiden Seiten trennt, hinüber springen oder gar fliegen, durchschwimmen, sie brauchen oder wollen die Brücke gar nicht. Ihnen allen, so unterschiedlich sie sind und sich verhalten, gilt es gerecht zu werden. Selbst ein Aphorismus wie der des Liedermachers Konstantin Wecker „Leben ist Brücken schlagen über Ströme, die vergehen" könnte sich im Denken älterer Kinder in diesem Kontext ergeben. Das Philosophieren mit Kindern als Inhalt und Methode weist Wege, wie dies geschehen kann, etwa, gute Gründe für etwas durch eigenes Nachdenken zu finden, das eigene Vorstellungsleben auf den Begriff zu bringen und Begriffe zu klären.

Können Steine ein System bilden? Was ist eigentlich ein System? Eine 4. Klasse philosophiert über einen schwierigen Begriff

Die Lehrkraft wirft etwa zwanzig Bausteine in Form von Soma-Würfeln in den Stuhlkreis und knüpft daran die Frage, ob es sich um ein System handele.

Julia: Es ist kein System, da die Würfel nur so hingeworfen wurden.

Daria: Es ist wohl ein System zur Würfelherstellung und zum Transport der Würfel in diese Klasse vorhanden, aber was da liegt, ist kein System.

Rike: Nein, ein Mikrochip oder eine geheime Karte sind wohl Systeme, aber die Würfel im Kreis nicht. Eine geheime Karte könnte eine Schatzkarte sein. Die enthält ein System, wie man den Schatz finden kann.

Jan: Die Würfel können eine geheime Botschaft darstellen, die ein System ergeben oder eins brauchen, um entschlüsselt werden zu können.

Stefanie: Es handelt sich um ein Würfelsystem. Vielleicht eine spezielle Botschaft oder eine besondere Bedeutung.

Alexander: Der Wurf der Würfel ist bereits ein System. Eigentlich ist alles ein System, egal wie es hergestellt wird.

Daria: Ein System besteht immer aus verschiedenen Teilen. Diese hier sind alle gleich, deshalb ist das kein System. Die Teile heißen alle gleich, bei einem System hat alles einen anderen Namen.

Jan 2: Jeder Stein ist aber anders, sie zeigen den Menschen nicht, dass sie leben. Vielleicht hat jeder Stein einen eigenen Namen.

Mattis: Die Würfel sind nicht alle gleich (macht auf Unterschiede aufmerksam).

Nils: Die Würfel sind nicht absolut gleich (verweist auf sichtbare Unterschiede).

Nicole: Es handelt sich nicht um ein System, aber man könnte eins daraus machen (Sie ordnet die Bausteine und baut einen geometrischen Körper).

Lehrkraft: Ist das jetzt ein System?

Jan 1: Die Antwort kann eigentlich nur Nicole geben. Sie hat die Würfel nach einem bestimmten System sortiert.

Miriam: Nicole hat eine Figur gebaut, aber kein System.

Daria: Es handelt sich um ein geordnetes System.

Tim: Das Ganze stellt etwas dar, zum Beispiel eine Schleuse (es folgen weitere Interpretationen des Körpers). Es könnte ein System sein, aber auch nicht, weil es eigentlich bloß zusammengestellte Klötze sind. Ein System muss außerdem etwas ergeben.

Julia: Nicole hat etwas gebaut, aber kein System geschaffen.

Alexander: Es handelt sich doch um ein Bausystem!

Miriam: Manche Systeme bewegen sich ja. Nicoles System bewegt sich aber nicht. Ein System muss aber irgendetwas bewirken.

Daria: Wir sehen das jetzt nicht mehr als Würfel, sondern als Figur (Mensch mit Glubschaugen). Also ist es das System einer Figur.

Stefanie: Es könnte eine Häuserplanung mit Würfeln statt mit Papier sein, dann wäre es ein System.

Jan 1: Die Figur selbst ist kein System, aber sie wurde nach einem System gebaut. Der Plan kann System sein, aber das Ergebnis muss es nicht sein.

Die unvermeidliche Klingel läutet zur Pause und beendet ein nachdenklich-philosophisches Gespräch, das mehr gedankliche Tiefe aufweist als manche Debatte von Erwachsenen über vergleichbare Themen.

Wenn wir zwei Steine sehen – kann man auch die „2“ sehen? Philosophieren über Mathematik:

Eine Kindertagesstätte in Niedersachsen: Auf den Gruppentischen der Fünf- und Sechsjährigen liegen je zwei Löffel, zwei Steine, zwei Murmeln, zwei Bausteine. Eine banale Installation, die dennoch Anflüge von Staunen und Neugier erzeugt: „Was soll das?"

Die Kinder hegen nicht den geringsten Zweifel: Ein Stein und noch ein Stein ergeben zusammen zwei Steine. Gleiches gilt für Löffel und andere Gegenstände.

Aber die Frage „Was seht ihr?" eröffnet eine andere Perspektive im Blick auf diese „Installation", erscheint aber gleichermaßen simpel.

Die Antworten der Kinder lassen deshalb nicht lange auf sich warten: „Zwei Löffel, zwei Steine" etc.

Doch die nächste Frage verwirrt die Kinder ein wenig: „Wo seht ihr die ‚2'? Zeigt mir bitte die ‚2'."

Alle Kinder zeigen auf die Gegenstände, manche kommentieren ihr Tun nach dem Motto: „Sieht man doch!" Nun beginnt der schwierigste Part der Moderation: Das Nachdenken darüber anzuregen, ob man die „2" wirklich sehen kann, zum Beispiel „Ich sehe nur Steine, aber keine ‚2'!" Manchmal geschieht etwas Überraschendes: Ein Sechsjähriger behauptet, dass man die „2" gar nicht sehen könne, weil sie gar nicht „da" sei. Auf die Frage, wo sie denn sein könnte, wenn fast alle Kinder sie gesehen zu haben glaubten, die ebenso knappe wie beeindruckende Antwort: „In meinem Kopf."

Szenenwechsel: Teamfortbildung in einem Kindergarten, gleiche Aufgabenstellung. Die Antworten der Erzieherinnen unterscheiden sich kaum von denen der Kinder. Erst hartnäckiges Nachfragen führt bei einigen Mitarbeiterinnen zur gleichen Kenntnis wie bei dem erwähnten Sechsjährigen: Die Zahl ist nirgendwo zu sehen.

Einige Teilnehmerinnen der Fortbildung fassen sich spontan an den Kopf, als dämmere ihnen plötzlich eine Erkenntnis: Wir benennen etwas, das gar nicht existiert, zumindest nicht als mit unseren Sinnen wahrnehmbarer Gegenstand.

Aus diesen wenigen Begebenheiten entsteht eine Reihe von Fragen, die den Zusammenhang zwischen Mathematik, Denken und Philosophieren erhellen helfen:

Ist Mathematik mehr als der Umgang mit Zahlen? Leben wir tatsächlich in zwei Welten, zum einen in der Welt der Dinge und Ereignisse, zum andern in der Welt der Wörter über die Dinge und Ereignisse? Wenn Begriffe die Bausteine des Denkens sind, wie entsteht dann der Begriff „zwei" in unserem Kopf? Daran anknüpfend die Frage: Was ist eigentlich eine Zahl?

Zurück zur Kindergarten-Gruppe: Die Frage, ob die Zahl ein Ding sei, dass man sehen und anfassen könne, das wachse und altere, führt die Gruppe zum Nachdenken darüber, welche Eigenschaften eine Zahl aufweist. „Man kann sie schreiben", sagt ein Kind, auch malen und zeichnen, fügen andere hinzu, sie können verschiedene Farben haben und auch groß oder klein sein. Die Kinder nähern sich mit ihren Gedanken dem Wesen der Zahl als Symbol, das in dieser Form selbstverständlich als Ding erscheint.

Als mathematischer Gegenstand wie Punkte, Geraden, Körper, Räume oder Gruppen weisen auch Zahlen schon auf den ersten Blick eine Eigentümlichkeit auf. Die mathematischen Gegenstände scheinen keine konkreten Gegenstände in Zeit und Raum zu sein. Holz zum Beispiel ist in der empirischen Welt anzutreffen, Zahlen nicht. Sie lassen sich nicht wahrnehmen, es sind abstrakte Gegenstände jenseits von Zeit und Raum.

Kinder, denen die Möglichkeit eröffnet wird, sich auf diesem Weg des Kenntniserwerbs zu bewegen, erhalten frühzeitig Gelegenheit, Mathematik Schritt für Schritt als eine abstrakte Wissenschaft zu verstehen. Der Frage, was eine Zahl bedeutet, kommt dabei ein höherer Stellenwert zu als dem Wissen darum, was eine Zahl ist. Anders ausgedrückt: Wissen ist eine mit Bedeutung versehene Information. Wenn das Nachdenken über die Bedeutung in diesem Prozess ausgeklammert bleibt, degeneriert vermeintliches Wissen zu einer reinen Information, die reproduzierbar, aber weitgehend unverstanden bleibt.

Anmerkung zum Begriff des Verstehens

Auf diesem Hintergrund ist es naheliegend, die Kinder zu fragen, was man mit einer Zahl alles machen könne, wozu sie gut sei, etc. Die Antworten fallen relativ eindeutig aus: „Zählen, rechnen“ werden genannt, viel mehr fällt den Kindern nicht ein. Der Horizont erweitert sich allerdings blitzartig, als die Fragen in eine andere Richtung gehen: „Welche Zahlen findet ihr schön und warum? Welche Zahl ist eure Lieblingszahl? Warum? Kann man mit Zahlen spielen? Mit welcher Zahl würdet ihr gern spielen? Warum?“ Das hartnäckige Bestehen auf der Nennung von Gründen ist einem Wesenszug des Philosophierens verpflichtet: Es geht immer um das Erwägen von Gründen, nicht um das Gegeneinanderstellen von Meinungen. Wenn aber keine Gründe genannt werden, verharrt das Gespräch auf der Ebene von Behauptungen und Rechthaberei.

Wie sich andeutet, sind die Möglichkeiten, sich mit der „2“ auf nachdenklich-philosophische Weise mit Bezug zum mathematischen Gehalt zu beschäftigen, noch längst nicht ausgeschöpft.

„Eine Kuh und ein Esel gehen zusammen spazieren“, beginnt der Moderator eine selbst ausgedachte Geschichte. Nachdem eine Vielzahl gemeinsamer Aktionen geschildert werden, die plötzliche, die Kinder überraschende Frage: „Kann man eigentlich eine Kuh und einen Esel zusammenzählen, sowie einen Stein und noch einen Stein?“

Dem spontanen „ja“ folgt ein „Das sind zwei.“ Der passende Begriff wird von einem fünfjährigen Mädchen nachgeliefert - Tiere.

„Wie steht es mit einem Stein und einem Löffel?“ Hier benötigen die Kinder mehr Zeit für eine Antwort, doch plötzlich tönt es unüberhörbar: „Das sind zwei Dinge!“

Diese Kinder beweisen, dass auch in ihrem Alter schon Ansätze der Ausbildung eines semantischen (im Unterschied zu dem in dieser Altersgruppe vorherrschenden episodischen) Gedächtnis vorhanden sein können, indem sie sachgerecht mit Oberbegriffen hantieren.

Die Kinder erproben sich in diesem Stadium an der Bezeichnung einer Menge. Dies geschieht symbolisch in Gestalt einer Zahl, die Menschen seinerzeit entdeckt oder erfunden haben (vgl. den Streit zwischen dem Philosophen Russell und Browsers über die Frage, ob die Menschen die Zahlen entdeckt oder erfunden haben).

Die Anschauung der Gegenstände (Kuh und Esel) gerät in der Antwort zu einer Ordnung bzw. einem Muster, das nun deutlich in mathematisches Tun mündet:

Ist es wichtig zu wissen, dass es sich um zwei Tiere, eine Kuh und einen Esel handelt, oder genügt es zu wissen, dass es sich um Gegenstände handelt, die wir mit den Begriffen „Kuh" und „Esel" identifizierbar und unterscheidbar machen?

Wir gelangen auf diese Weise zu einer zentralen Fragestellung an die Mathematik aus philosophischer Sicht:

Ist die Mathematik letztlich nichts anderes als das Studium sowie die Lehre der Eigenschaften und Beziehungen von Mengen, die wiederum die grundlegenden, mathematischen Objekte darstellen? Oder ist sie mehr als eine Wissenschaft, die beliebige Eigenschaften beliebiger Mengen untersucht?

Zunächst einmal ist unumstritten, dass die Zahlen und ihre Funktionen fundierende Gegenstände mathematischen Erkennens sind.

Aber ist die Feststellung, dass die Gesamtheit der Blütenblätter einer bestimmten Pflanze, die zweifellos eine Menge bildet, in diesem Beispiel sechs, eher eine mathematische oder biologische Aussage? Zwar handelt es sich um eine Aussage über die Menge (sechs Blütenblätter), aber sie ist nicht aus den grundlegenden Lehrsätzen der Mathematik, die ohne Beweise einleuchten (Axiome) ableitbar.

Bei dem Satz „diese Pflanze hat sechs Blütenblätter" wird keine Aussage über die Menge im mathematischen Sinn, sondern über eine bestimmte Pflanze getroffen.

Anders verhält es sich dagegen mit dem Vergleich, wonach die Menge der Blütenblätter dieser Pflanze anzahlgleich der Menge der Musiker des Sextett Y ist. Hier liegt tatsächlich eine Aussage über eine Menge vor, nämlich die Behauptung von ihrer Gleichwertigkeit mit einer anderen Menge.

Wenn wir uns mathematisch für Mengen interessieren, so unterstellen wir dabei eine Abstraktion, nämlich die Abstraktion von der empirisch bestimmten Unterschiedenheit präsentierter Mengen.

Die Mengen der Blütenblätter einer Pflanze und der Musiker des Sextetts Y sind empirisch bestimmte Mengen und als solche artverschieden. Durch Abstraktion von der Artverschiedenheit behandeln wir sie als Exemplare für Mengen von sechs Elementen. Mit jener Abstraktion können wir demnach sagen, dass die Mathematik die nicht-empirische Lehre von den Eigenschaften und Beziehungen der Mengen ist.

Diese Feststellung trifft natürlich auch auf das in der Kindergruppe besprochene Beispiel mit Kuh und Esel zu.

Wie ließe sich diese Art des Verständnisses von Mathematik bei Vorschulkindern vertiefen?

Neuer Schauplatz: Kindertagesstätte im Westfälischen, auf dem Tisch der Gruppe befindet sich eine Vielzahl unterschiedlicher Gegenstände.

Die Bemerkung des Moderators, der die Dinge aus einem Beutel auf den Tisch geschüttet hatte, er habe den Kindern „die Welt" mitgebracht, wird von den meisten Kindern mit Lachen und ungläubigem Staunen quittiert.

Durch verschiedene Fragen weckt der Moderator unterschiedliche Interessenlagen bei den Kindern:

- Welche der Dinge kennt ihr, welche nicht?
- Mit welchen Dingen würdet ihr gern spielen, mit welchen nicht? Gründe.
- Welche Dinge würdet ihr gerne haben, welche nicht? Gründe.

Bis hierin ergeben sich keine Bezüge zu mathematischen Gedankengängen.

Dies ändert sich in dem Augenblick, als die Kinder mit einer Situation konfrontiert werden, die durchaus lebensweltliche Bezüge aufweist: „Stellt euch vor, in der Spielecke oder bei euch zu Hause sähe es so aus. Die Erzieherin oder die Mama kommen herein und sagen ein ganz schlimmes Wort. Wisst ihr, welches Wort ich meine?"

Fast im Chor rufen die Kinder „Aufräumen"!

Obwohl sich nun ein unmissverständlicher Ansatz für den Beginn einer praktischen Tätigkeit ergibt, gilt es dennoch, zunächst die Frage zu klären, warum man überhaupt aufräumen soll.

Philosophieren versteht sich immer auch als der Versuch, gute Gründe für etwas durch eigenes Nachdenken zu finden. Im zweiten Schritt geht es dann darum, das eigene Vorstellungsleben, in diesem Falle von „Aufräumen", auf den Begriff zu bringen.

Schließlich folgt die Klärung des Begriffs, wohl wissend, dass der Begriff immer ärmer ist als die Theorie und diese wieder ärmer als die Wirklichkeit!

Die meisten Kinder erklären den Sinn des Aufräumens mit der Notwendigkeit, die Dinge für das nächste Spiel oder andere Zwecke möglichst schnell wiederfinden zu können.

Aber es gibt auch Hinweise darauf, dass die Ecke ja nicht schön aussähe, wenn alles so herumliegen, oder die Furcht, ausgeschimpft zu werden.

Nun kann das Experiment beginnen: Alle Kinder, die sich beteiligen wollen, erhalten eine gewünschte Anzahl von Schachteln zum Einräumen der Gegenstände, wobei noch einmal darauf verwiesen, so einzusortieren, dass man die Sachen auch schnell wiederfinde.

Die Sortierergebnisse versetzen nicht nur den Moderator, sondern auch die beobachtenden Erzieherinnen in Erstaunen:

Kinder füllen die angebotenen Schachteln mit nach ihrer Größe, nach Farben, nach Verwendungszweck (Spielzeug), nach Herkunft (z. B. Natur), nach Material (z. B. Metall, Plastik, etc.) geordneten Gegenständen. Während die erwachsenen Beobachterinnen die Sinnhaftigkeit aller Sortiervorgänge relativ schnell erkennen, gibt ihnen die Präsentation eines Kindes Rätsel auf: Trotz aller Bemühungen finden sich keine Zusammenhänge zwischen den in die jeweiligen Schachteln gepackten Dinge. Bleibt also nur noch die Frage an den Urheber. Dieser strahlt über das ganze Gesicht und fordert die Erwachsenen auf: „Zählt doch mal!"

Tatsächlich erbringt diese Aufforderung die Lösung: Das Kind hat in jede Schachtel sieben Gegenstände unterschiedlichster Art gelegt und muss sich von anderen Kindern die Frage gefallen lassen, ob das hilft, die Sachen schnell wieder zu finden…

Seine denkwürdige Antwort: Er könne sich merken, wohin er sieben Teile hingetan habe, aber mehr wäre schwierig.

Das Beispiel dieser Kindergruppe unterstreicht eine bekannte Erkenntnis:

Unser Gehirn hat bekanntlich eine Vorliebe für Muster und wieder erkennbare Ordnungen und Strukturen.

Das ist die Grundlage der Mathematik, mit ihrer Hilfe kann eine unendlich komplexe Welt in unserer Vorstellung besser fassbar werden. Die elementaren mathematischen Grundtätigkeiten sind nicht etwa „zählen" und „rechnen", sondern vergleichen, sortieren und ordnen (und zwar mit und ohne Zahlen).

Der Stellenwert dieser elementaren mathematischen Grundtätigkeiten wird jedoch häufig im Alltag unterschätzt, nicht zuletzt, weil von den Kindertagesstätten mathematische Frühförderung als Vorbereitung auf die Schulmathematik verlangt wird.

Dabei fordert und entwickelt zum Beispiel das nicht-wertende Vergleichen die Denkfähigkeit von Kindern (und übrigens auch Erwachsenen!) und hilft jene Brücke vom Konkreten zum Abstrakten zu bauen, die für mathematisches Verständnis unerlässlich ist.

Also zurück zur Kindergruppe: Der Moderator greift zwei Gegenstände aus der auf dem Tisch ausgebreiteten Sammlung heraus (z. B. Auto und Löffel) und fragt: „Sind die gleich?"

Lachen ist die erste Antwort, aber die Frage nach den Unterschieden, wenn beide Sachen erkennbar nicht gleich seien, fordert erste Denkbewegungen heraus.

Die Antworten der Kinder beziehen sich auf Unterschiede in Größe, Form, Material, Gebrauch, Herstellung, Farbe, etc., wobei nur in Ausnahmefällen einer dieser Oberbegriffe auftaucht. In der Regel werden die Unterschiede konkret beschrieben (Mit dem Auto kann man fahren, mit dem Löffel nicht).

Mehr Schwierigkeiten bereitet die Frage, ob es auch etwas gäbe, was beide Gegenstände gemeinsam haben.

Hier zeigt sich die noch geringe Ausprägung eines semantischen Gedächtnisses, das die Nutzung von Oberbegriffen erlaubte, als Hindernis.

Dennoch kommen Hinweise wie „beide kann man anfassen, beide kann man in der Hand halten, mit beiden kann man spielen, etc.", die verdeutlichen, dass sich die Kinder auf dem Wege des Erkennens von Wesenseigenschaften bewegen. Nicht zufällig gilt das nicht-wertende Vergleichen als eine zentrale Technik des Philosophierens.

Das Vergleichen eröffnet aber gleichzeitig Zugänge zu allen Gegenständen der Mathematik, unabhängig davon, ob es sich um Zahlen, Punkte, Kategorien oder metrische Räume handelt, um nur einige Beispiele zu nennen.

Sind fünf Steine viel?

Philosophieren über die Relativität eines Begriffs

Wie sich in einer philosophischen Denkbewegung der Schritt vom Konkreten zum Abstrakten im Sinne einer Begriffsklärung mit einer durchaus mathematisch bestimmten Reflexion verknüpfen, soll in einem letzten Beispiel demonstriert werden.

Auf dem Fußboden eines Kindergartens nahe der Stadt Oldenburg hat der Moderator verschiedene Gegenstände verteilt: Bücher, Bleistifte, Steine, CD's, Würfel, Murmel, Spielkarten, Bonbons, jeweils fünf an der Zahl.

Nachdem die Kinder die Installation ausgiebig betrachtet haben, erzählen die Kinder, was sie sehen. Bevor der Moderator seine Lieblingsfarbe „Was fällt euch auf?" (Keine andere Frage widerspiegelt die Dialektik von Zeigen und Fragen so konkret wie diese) stellen kann, ruft ein Mädchen: „Das sind ja immer fünf!" Nachdem andere Kinder die Richtigkeit dieser Aussage durch Nachzählen überprüft haben, fragt der Moderator, ob „5" denn viel sei. Der erste Zwischenruf lautet „Es kommt darauf an", der zweite „5 Bleistifte sind viel", der dritte „Aber 5 Steine sind wenig", ehe es dem Gesprächsleiter gelingt, die unvermeidliche „Warum"- Frage zu stellen.

Da man zum Schreiben nur einen Bleistift brauche, seien fünf eben viel, aber wenn man etwas Schönes bauen wolle, seien fünf Steine zu wenig. So geht es munter weiter, bis ein Kind plötzlich fragt, wie viele Lieder denn auf jeder CD seien. Dem Moderator ist seine Überraschung anzumerken, als er zurückfragt, warum das Kind dieses wissen wolle.

„Wenn ich nicht weiß, wie viele Lieder auf jeder CD sind, kann ich auch nicht sagen, ob fünf CD's viel sind oder nicht, kommt die prompte Rückmeldung.

Die Kinder erfahren durch Selbstdenken, dass „viel" ein relativer Begriff ist und die Entscheidung darüber von unterschiedlichen Faktoren abhängt. So kommt zum Schluss der Gesprächsrunde noch das Buch „Ist 7 viel?" von Antje Damm zum Einsatz.

Auf der einen Seite sitzt ein Kind vor sieben Bausteinen, auf der Buchseite gegenüber schleckt ein Kind an einer Tüte mit sieben Eiskugeln. Die Entscheidung, welche Dinge „viel" seien, kommt in Sekundenschnelle.

Aber damit ist das Gespräch noch nicht zu Ende. Die Frage, warum sieben Eiskugeln viel seien, regt zu erneutem Nachdenken an. Die häufigste Antwort stützt sich auf alltägliche Erfahrungen – die Mama kaufe ja immer nur zwei. Wenn man immer sieben Kugel bekäme, dann wären sieben nicht viel.

Aber auch der Hinweis, dass man von sieben Kugeln Bauchschmerzen bekommen könne, wird eingebracht.

Ein Höhepunkt zum Abschluss der Gesprächsrunde: Als wir uns bereits zum Gehen rüsten, fragt ein Junge, ob viel auch wenig sein könnte? Auf die Rückfrage, wie er das meine, berichtet er von seiner Erfahrung im Sandkasten, dass selbst, wenn er ganz viele Sandkörner in seinen Eimer schaufele, dieser nur halb voll sei. Dann wären viele Sandkörner trotzdem wenig. Ob seine künftige Lehrkraft wohl das außerordentliche mathematische Talent dieses künftigen Erstklässlers erkennen wird?

Philosophieren versteht sich immer auch als den Dreischritt des Fragens, Hinterfragens und Weiterfragens. Gerade eine so abstrakte Einzelwissenschaft wie die Mathematik wirft für Kinder und Erwachsene eine Fülle von Fragen auf, die sich nicht allein aus der Mathematik erklären lassen. Die Frage, was bedeutet das alles, verweist auf den Umstand, dass die Einzelwissenschaften nach den Sachverhalten in der Welt fragen – die Eigenschaft der „7" ist es eine Primzahl zu sein –, wohingegen die Philosophie nach den Möglichkeiten und Weisen vernünftiger Bezugnahme auf Sachverhalte in dieser Welt fragt – welche Bedeutung könnte die Erkenntnis, dass „7" eine Primzahl ist, für die Menschheit, und damit auch für mich, besitzen?

Kinder fragen mehr nach Gründen dessen, was sie lernen sollen, als Erwachsene es wahrnehmen und gelegentlich auch wahrhaben wollen. Indem wir Philosophieren als etwas verstehen, dass so viel wie „auf dem Weg sein" heißt, wo die Fragen wichtiger sind als die Antworten und aus jeder Antwort eine neue Frage erwächst, verstehen wir auch mit Blick auf die Mathematik Bildung nicht vordergründig als Ausbildung, sondern vielmehr als Persönlichkeitsbildung.

Dabei kommt der Fähigkeit des Hinterfragens ein besonderer Stellenwert zu. Zum Handwerkszeug dieser Methode gehören drei Fragen:

Ist das immer so? Ist das bei allen so? Könnte es vielleicht auch anders sein?

So betrachtet erscheint die abschließende Anekdote aus dem in der australischen Wildnis lebenden Stamm der Voohoona in einem ganz anderen Licht:

Zwei und zwei ist fünf, sagt ein Voohooni zu einem westlichen Anthropologen. Wie er darauf komme, will der Anthropologe wissen.

„Durch Zählen natürlich", antwortet der Eingeborenen. „Zuerst knote ich zwei Knotens in eine Schnur. Dann knote ich zwei Knotens in eine andere Schnur. Füge ich dann die beiden Schnüre zusammen, habe ich fünf Knotens."

Wie würde eine Erzieherin oder eine Lehrkraft reagieren, wenn ein Kind auf diese Weise seine Rechenkunst demonstrierte? Oder noch anders gefragt: Wie sind wir zu der Erkenntnis gelangt, dass 2 + 2 = 4 sind? Handelt es sich dabei um eine analytische, also per definitionem wahre Aussage? Ist Teil dessen, was wir mit „4" meinen, dass es die Summe von 2 und 2 ist? Oder ist die Aussage synthetisch? Erschließt sie uns neues Wissen über die Welt?

Schöne Steine? Was ist eigentlich „schön?"

Eine Präsentation zahlreicher Steine macht den Anfang: die Kinder sortieren Steine nach den Kriterien „schön" und „nicht schön" und versuchen, ihre Entscheidungen zu begründen.

Auffällig erscheint, dass eine Reihe von Kindern den Begriff „schön" mit „schön" erklären.

Hier bietet sich ein inhaltlicher Ansatzpunkt zur Vertiefung im Sinne der Fragestellung „Was ist eigentlich schön?":

- Warum ist (zum Beispiel) diese Farbe deines Steines schön?
- Was bedeutet in diesem Zusammenhang „schön" für dich?
- Was macht das Schöne deines Steines aus?
- Wovon hängt es ab, ob etwas schön ist oder nicht?

Die Kinder werden gebeten, von zu Hause einen transportablen Gegenstand mit zu bringen, von dem sie behaupten, er sei schön. Sie stellen ihr Mitbringsel vor und begründen, weshalb dieses schön sei.

Mit den bereits bei der Bewertung von Steinen genutzten Frageformen wird der Alltagsbegriff „schön" hinterfragt. Die letzte Frage eröffnet stets das Nachdenken über die Wesensmerkmale des Schönen.

Die Kinder notieren auf Zetteln oder Kärtchen Eigenschaften, die sie für unabdingbar halten, damit etwas für sie „schön" erscheint.

Anschließend wird auf die Figur „Mika" (der Junge vom anderen Planeten aus Jostein Gaarders „Hallo, ist da jemand") zurückgegriffen. In Form eines Gedankenexperimentes werden die Kinder gebeten, sich zu überlegen, wie sie dem Außerirdischen (Mika) den Begriff „schön" erklären würden.

Nachdem überwiegend auf diskursive Weise philosophiert wurde, kommt es nun zu einem Methodenwechsel in Richtung „präsentatives Denken", da es bekanntlich auch eine Semantik jenseits des Diskursiven gibt.

Deshalb erhalten alle die Aufgabe, etwas Schönes zu malen, zu zeichnen oder zu schreiben, wobei die Auswahl und die Ausführung allein ihnen überlassen bleibt. Nach Fertigstellung präsentieren die Kinder ihre Werke und erläutern, was daran schön ist. Mit den Exponaten wird dann eine kleine Ausstellung gestaltet.

Schlussfrage: Könnte es etwas geben, das alle Menschen auf der Welt „schön" finden?

In der sich entwickelnden Diskussion wird sicherlich, entweder von Kindern oder der Lehrkraft, die Frage eingebracht, warum nicht alle Menschen das Gleiche schön finden.

Sterben Steine auch?

Mit Kindern über ein Tabuthema philosophieren

Als erstes drängt sich ein Widerspruch auf: Zum einen titulieren wir „Sterben und Tod" als Tabuthema, zum anderen wissen wir aus Studien, dass Kinder und Jugendliche bis zum 18. Lebensjahr etwa 18.000 fiktionale und reale Tode per Fernsehen konsumiert haben (Denise Pesel 2006).

Aber der genauere Blick enthüllt, dass es sich lediglich um einen vermeintlichen Widerspruch handelt. Den gesellschaftlichen Umgang mit diesem Thema kennzeichnen eher Verdrängung und Sprachlosigkeit, besonders dann, wenn es um Kinder geht. Womit lässt sich diese Erscheinung begründen?

Die höhere Lebenserwartung der Menschen führt dazu, dass der Tod in der Familie durchschnittlich nur noch alle 15 - 20 Jahr erlebt wird. Während in früheren Jahren noch fast in jedem Haus gestorben wurde, gehören heute Sterbebegleitung in der Familie und Umgang mit einem Leichnam eher zu den Ausnahmen. Krankenhäuser und Pflegeheime zählen zu den „bevorzugten" Sterbeorten, der Tod bzw. das Sterben sind zunehmend an eine Institution gebunden. Dieser Umstand erhöht das Fremdartige und Angsterfüllte, wenn sich die Konfrontation mit dem Tod denn nicht vermeiden lässt.

Bezogen auf Kinder mag zudem der Wunsch eine Rolle spielen, Kindern eine unbeschwerte Kindheit zu ermöglichen und sie möglichst von belastenden Themen fern zu halten. Hierin drückt sich aber nicht zuletzt die Angst der Erwachsenen vor der Endlichkeit des eigenen Lebens aus, deren gesellschaftliche Entsprechung sich in Losungen wie „Anti-Aging" oder „Forever young" widerspiegelt. Dem entgegen steht eine Erkenntnis, die sich mir in zahlreichen Gesprächen mit Kindern über „Sterben und Tod" immer wieder bestätigt hat:

> „Gerne und unbefangen sprechen Kinder über den Tod, der so viele Fragen aufwirft, für die es nicht entscheidend ist, dass sie abschließend beantwortet,

sondern dass sie gestellt und besprochen werden – schon um zu bemerken, dass es Rätsel im Leben gibt, auch für Erwachsene.
Entscheidend fürs Leben ist, den Tod als dessen Grenze zu begreifen, was immer über diese Grenze hinaus sein mag. Im Wissen um den Tod wird deutlicher, was Leben ist; dort aber, wo er verdrängt wird, wird auch das Leben aus den Augen verloren." (Wilhelm Schmid 2003, S. 40 ff.)

So betrachtet, ist die Sache „Tod" ein pädagogisches Thema und der Tod selbst pädagogisch: Die Beschäftigung mit dem Tod führt allemal zu der Frage, was eigentlich ein sinnvolles Leben sein könnte.

Ein Beispiel aus meiner Unterrichtspraxis mag diese Aussage bekräftigen. Im Laufe des Unterrichtsgesprächs unterbreitete ich den Kindern ein Gedankenexperiment: „Stellt euch vor, ihr erführet in diesem Augenblick, dass ihr unsterblich seid. Würdet ihr in eurem Leben etwas anders machen, als ihr es bisher getan habt?" Prompte Antwort eines neunjährigen Jungen: „Ich würde morgen nicht mehr zur Schule kommen!" Auf meine erstaunte Frage nach dem „Warum?" erhielt ich folgende Antwort: „Warum gehe ich denn zur Schule? Damit ich etwas lerne. Warum soll ich etwas lernen? Damit ich einen Beruf kriege. Warum soll ich einen Beruf kriegen? Damit ich Geld verdiene? Warum muss ich Geld verdienen? Damit ich leben kann. Aber, wenn ich weiß, dass ich gar nicht sterben kann, warum dann das alles?" Die Klasse und mich ergriff eine eher ungewohnte Verblüffung, bevor wir uns in dem Versuch wieder fanden, zu prüfen, ob der Tod, wie sich die Worte dieses Jungen deuten ließen, den Sinngeber für das Leben darstellt.

Der im Handbuch „Didaktik des Sachunterrichts" als anschlussfähig ausgewiesene Bildungsbegriff von Henning Kößler greift auch hier: Er versteht Bildung als „Erwerb eines Systems moralisch erwünschter Einstellungen durch die Vermittlung und Aneignung von Wissen derart, dass Menschen im Bezugssystem ihrer geschichtlich-gesellschaftlichen Welt wählend, wertend und stellungnehmend ihren Standort definieren, Persönlichkeitsprofil bekommen und Lebens- und Handlungsorientierung bekommen" (Handbuch Didaktik des Sachunterrichts 2007, S. 13).

Wenn Sachunterricht tatsächlich die ursprünglichste Art ist, Kindern den Weg in diese Welt zu bereiten, dann ist der Tod, ähnlich wie die Geburt, eine Sache, die es aus verschiedenen Perspektiven zu betrachten gilt. In jedem Falle handelt es sich um eine Transformation, unabhängig, wie wir uns das „Danach" denken. Wissensvermittlung steht jedoch nicht im Vordergrund, denn der Tod bleibt für uns das Unbekannteste.

Wir wissen, wann jemand tot ist, aber wir wissen nicht, wie das Sterben „von innen" aussieht. Wir glauben mehr oder weniger zu wissen, was es bedeutet zu sterben, aber nicht selbst zu sterben.

Deshalb ist es sinnvoll, philosophische Zugänge zum Thema zu finden. Der didaktische Dreischritt des Philosophierens, das Erkunden, Erproben und Prüfen, zeigt inhaltlich und methodisch einen Weg auf, sich der Sache „Tod" zu nähern. Im Prozess der kindlichen Auseinandersetzung mit dem Tod kommt bereits im Vorschulalter, spätestens aber in der Grundschulzeit das „Warum (müssen wir sterben)?" zur Sprache und damit die Frage nach dem Sinn. In diesem Augenblick berührt die Fragestellung eine philosophische Dimension, die sich auch so formulieren ließe: Wie soll ich einen Lebenssinn konstruieren, wenn am Ende doch nichts als der Tod steht?

Erwachsene, die sich als Dialogpartner für diese Fragen zur Verfügung stellen möchten, tun gut daran, dabei zunächst nicht an Techniken und Methoden des Philosophierens mit Kindern zu denken, sondern sich einer Art Selbstprüfung zu unterziehen: Welche Fragen stellen sich mir ganz persönlich, wenn ich mich mit dieser Thematik auseinandersetze? Wer die vorhandene Welt als abschließend erklärt, vermessen und gedeutet betrachtet, wird nur schwerlich oder eher überhaupt nicht in ein philosophisches Gespräch hineinfinden.

Welche Gedanken könnten bei Erwachsenen im philosophierenden Nachdenken über den Tod entstehen? Der spanische Philosoph Fernando Savater (Fernando Savater 2000) formuliert einige Thesen, die zum eigenen Nachdenken herausfordern. Hier eine kleine Auswahl:

- Jeder Mensch wird sich im Lauf seiner Kindheit oder Jugend der Tatsache bewusst, dass er einmal sterben wird.
- Mit dem Bewusstsein vom eigenen Tod wird der Grundstein des Nachdenkens über das Leben gelegt.
- Das Wissen um den eigenen Tod macht Menschen zu Sterblichen und damit menschlich und zu wirklich Lebenden.
- Leben ist dauerhafter Widerstand gegen den Tod.
- Der Tod ist der Prototyp des Notwendigen – aber was wissen wir über ihn?
- Der Tod ist persönlich.

Dazu passt der berühmte Syllogismus (Vernunftschluss):

- Alle Menschen sind sterblich.
- Sokrates ist ein Mensch. Folglich ist Sokrates sterblich.
- Der Tod steht ständig drohend bevor.
- Der Tod ist die Quelle aller Religionen.
- Koexistenz mit dem Tod ist unmöglich.
- Das Wissen um den eigenen Tod ist der Ausgangspunkt allen Denkens.
- Ergo: Am Anfang des Philosophierens steht das Nachdenken über den eigenen Tod!

Für den Einstieg in ein philosophisches Gespräch mit Kindern über Sterben und Tod ist es hilfreich den jeweiligen Sterbebegriff zu klären. Einen möglichen Weg beschreibe ich kurz: Auf dem Tisch liegen zahlreiche, höchst unterschiedliche Gegenstände, natürliche, künstliche, den Kindern vertraute, fremde und andere.

Die Kinder werden gebeten, die Gegenstände zu sortieren, wobei sie selbst Kriterien entwickeln können. Nach verschiedenen Versuchen wird die Frage aufgeworfen, welche von diesen Gegenständen sterben können und welche nicht. Anhand eines Steines werden die bis dahin gegebenen Antworten (entscheidend sind die für eine Antwort genannten Gründe, nicht die Antworten selbst!) noch einmal zugespitzt und hinterfragt mit der Frage: Stirbt dieser Stein auch?

Der Zweitklässler Fabian aus der niedersächsischen Kreisstadt Westerstede behauptete, ein zerbröselter Stein sei tot, denn: „Alles was da ist, lebt. Wenn es nicht mehr ist, dann ist es tot. Der zerbröselte Stein ist kein Stein mehr, also tot."

Wie viel gedankliche Nähe dieses Siebenjährigen zum „großen" Epikur kommt da zum Ausdruck, wenn wir diese Aussage mit dem berühmten Satz des Philosophen vergleichen:

„Der Tod betrifft uns überhaupt nicht; wenn wir sind, ist der Tod nicht da; wenn der Tod da ist, sind wir nicht."

Erkennen die Kinder bereits den Zusammenhang von Leben und Tod oder setzen sie zum Beispiel „Sterben" mit „kaputt gehen" gleich? Dies zu wissen ist für den Fortgang des Gesprächs von erheblicher Bedeutung.

Einen nächsten Schritt bietet das Gedicht „Ein Schnurps grübelt":

Also, es war einmal eine Zeit,
da war ich noch gar nicht da. -
Da gab es schon Kinder, Häuser und Leut
und auch Papa und Mama,
jeden für sich -
bloß ohne mich!

Ich kann mir's nicht denken. Das war gar nicht so.
Wo war ich denn, eh es mich gab?
Ich glaub, ich war einfach anderswo,
nur, dass ich's vergessen hab,
weil die Erinnerung daran verschwimmt
Ja, so war's bestimmt!

Und einmal, das sagte der Vater heut,
ist jeder Mensch nicht mehr hier.
Alles gibt's noch: Kinder, Häuser und Leut,
auch die Sachen und Kleider von mir.
Das bleibt dann für sich -
bloß ohne mich.

Aber ist man dann weg? Ist man einfach fort?
Nein, man geht nur woanders hin.
Ich glaube, ich bin dann halt wieder dort,
wo ich vorher gewesen bin.
Das fällt mir dann bestimmt wieder ein.
Ja, so wird es sein!

Michael Ende (Das Schnurpsenbuch. Stuttgart 1969)

Nicht allein die Frage „Was ist der Tod?“ erfährt hier eine erste Deutung. Auch die für Kinder sehr wichtige Frage „Wo komme ich eigentlich her?“ öffnet das Tor für eine Reflexion, die über die medizinische Antwort („Aus dem Bauch von Mama“) weit hinaus reicht.

Überhaupt erscheinen Bilder- und Kinderbücher besonders geeignet, eine reflexive Behandlung dieses schwierigen Themas zu ermöglichen.

Die von der Begegnung mit dem Tod ausgelöste Angst, der auch immer notwendig die Sorge um den eigenen Tod beigemengt ist, löst bei Kindern Fragen und Gedanken aus, denen Erwachsene nicht ausweichen dürfen. Wenn das Thema Tod in Familie, Kindergarten und Schule tabuisiert wird, setzt sich beim Kind leicht der Verdacht fest, man wolle ihm etwas Furchtbares und Schreckliches verheimlichen. Wenn die Realität des Todes in ihr Leben einbricht, trifft sie diese Kinder völlig unvorbereitet und wehrlos.

Wenn dagegen die Erfahrung des Todes über den Verlust eines geliebten Wesens und die Bewältigung des Schmerzes und seine Sinngebung stellvertretend an literarischen Vorbildern zum Beispiel in Geschichten, in denen auch Sterben und Tod vorkommen, vollzogen wird, gewinnt das Thema Tod eine Vertrautheit, die es der emotionalen und gedanklichen Bewältigung zugänglich macht.

Die nachfolgenden Beispiele mögen diese Aussage unterstreichen.

Adieu, Herr Muffin

Beginnen wir mit einem Bilderbuch über ein Meerschweinchen namens Herr Muffin, ein Bilderbuch über das Altwerden und Sterben und den Umgang mit dem Traurigsein. Auf zwei Seiten bilanziert Herr Muffin sein Leben:

> „Ich habe es gut gehabt: Eine sehr kluge und freundliche Frau. Ein kleines, blaues Haus mit eigenem Briefkasten. Sechs kuschelige kleine Kinder. 3-mal am Tag gestreichelt worden. 728 ganze Gurken im Leben. 2555 Arm voll Gras, Heu und Pusteblumen. Und dann und wann Post im Briefkasten.“ (Ulf Nilsson/ Anna-Clara Tidholm, Adieu, Herr Muffin. Frankfurt a. M., 6. Auflage 2010).

Die Fragen, was macht ein erfülltes Leben aus, und, kann auch ein kurzes Leben ein erfülltes Leben sein, führen direkt ins Philosophieren mit Kindern hinein.

Was ist das, fragt der Frosch?

Im Kinderbuch von Max Velthuijs, „Was ist das, fragt der Frosch?" (Frankfurt a. M., 4. Auflage 1998) findet sich folgende Szene, die zum erneuten Philosophieren über den Sterbebegriff einlädt: „Der Hase kniete sich neben die Amsel und sagte dann: ‚Sie ist tot.' ‚Tot'? fragte der Frosch. ‚Was ist das?' Der Hase zeigte zum Himmel hoch. ‚Alles stirbt einmal', sagte er."

Woran kann man noch merken, ob ein Tier tot oder lebendig ist? Merkmale für den Begriff „lebendig" werden im Umkehrschluss gefunden.

Stimmt es, dass alles einmal stirbt? Sogar ein Stein oder ein Spielzeug? Welche „Dinge" können denn sterben? Ist „Sterben" und „Kaputtgehen" dasselbe (Begriff klären)? Mit diesen (und anderen) Fragen lassen sich philosophische Denkbewegungen anstoßen, in deren Ergebnis sich hinterfragte Begriffe klären lassen (vgl. auch www.philosophieren-mit-kindern.de)

Die besten Beerdigungen der Welt

Ester, Putte und „ich" gründen an einem langweiligen Tag ein Beerdigungsinstitut. Für alle toten Tiere, die sonst keiner beachtet, wollen sie die besten Beerdigungen der Welt ausrichten. In diesen wenigen Sätzen lässt sich der Inhalt von „Die besten Beerdigungen der Welt" (Ulf Nilsson/Eva Eriksson; Frankfurt a. M., 11. Auflage 2011) zusammenfassen. Dieses ernsthafte Spiel zu Leben und Tod ist so präzise wie humorvoll. Jeder wird sich darin selbst entdecken und dabei unsentimental an den befreienden Umgang mit dem Tod zu Kinderzeiten erinnert.

Mit zwei einfachen Fragen, die dem Schritt des Erkundens entsprechen, gelingt der Einstieg in diese Geschichte: Hast du schon einmal ein totes Tier gefunden? Was hast du damit gemacht?

Die letzte Beerdigung in dieser Geschichte (eine Amsel wird begraben) begleitet der „Ich"-Erzähler wiederum mit einem Gedicht:

„Das Lied ist zu Ende: Aus Leben wird Tod.
Dein Körper wird kalt. Alles wird dunkel.
Im Dunkeln warst du wie ein Licht,
Danke, wir vergessen dich nicht." (Ulf Nilsson, a.a.O., S. 34)

Diese vier Zeilen regen zum Nachdenken über die Frage an, warum und wie uns Tote im Gedächtnis bleiben können.

Ente, Tod und Tulpe

Ab 4. Klasse empfiehlt sich auch das Kinderbuch „Ente, Tod und Tulpe“ (Wolf Erlbruch, München 2007). Fast alles, was sich im philosophierenden Nachdenken über den Tod an Gedanken offenbart, hat der Autor in wunderschöner, berührender Weise in seinem Buch kondensiert. Ein Buch für Kinder und Erwachsene gleichermaßen.

Fast für jede Seite lassen sich Fragen formulieren, die in nachdenklich-philosophische Gespräche führen.

- Vergleiche die vier Entenbilder zu Beginn des Buches. Was fällt dir auf?
- Hast du dir den Tod auch so vorgestellt (zur erstmaligen bildlichen Darstellung des Todes)? (S. 2)
- Warum hält der Tod eine Tulpe in der Hand? (S.2)
- Warum mag der Tod nicht mit der Ente in den Teich gehen, als diese ihn dazu einlädt? (S.8/9)
- Warum weiß auch der Tod nicht, was nach ihm kommt? (S.13/14)
- Was könnte der schwarze Vogel bedeuten? (S.20)
- Wie beerdigt der Tod die Ente? Warum wählt er diese Form? (S.23/24)* (Nummerierung der Seiten durch den Verfasser, da das Buch keine Seitenzahlen enthält).

Die wenigen literarischen Beispiele und die Versuche, philosophische Zugänge zu eröffnen, mögen verdeutlichen, was Philosophieren mit Kindern zu leisten vermag: Ein Tabuthema zu enttabuisieren, aber auch, den Kindern zu helfen, in ihrer Lebenswirklichkeit weniger furchtsam mit der Sache „Tod“ umzugehen: „Philosophieren ist nichts anderes als sich auf den Tod vorzubereiten.... Oder es heißt so viel auch, dass alles Nachdenken, alle Weisheit dieser Welt sich endlich in einem Punkt auflöst, uns zu lehren den Tod nicht zu fürchten.“ (Michel de Montaigne 2001)

Literaturangaben

Michel de Montaigne, Essais, Frankfurt a. M./Leipzig 2001

Denise Pesel, Die Thematisierung von Tod und Trauer. In: Widerstreit Sachunterricht. Nr. 7/2006. www.widerstreit-sachunterricht.de

Fernando Savater, Die Fragen des Lebens. Frankfurt am Main, 2000

„Steinzeit"

Mit Kindern über Zeit philosophieren

Augenblick, verweile doch, du bist so schön! (nach J.W.v.Goethe)

Die Kinder haben sich im Unterricht mit der Steinzeit beschäftigt. Irgendwann fragte ein Kind, ob denn alles seine Zeit habe, ob es auch eine Pflanzenzeit, eine Metallzeit, eine Holzzeit, etc. gebe? Während ein Teil der Klasse in Gelächter ausbrach, nahm ich die Frage ernst. Nachdem wir nochmals sachlich geklärt hatten, warum die Steinzeit „Steinzeit" heißt, näherten wir uns langsam der Überlegung, was „Zeit" eigentlich noch alles bedeuten könnte.

> „Was also ist Zeit? Wenn mich niemand danach fragt, weiß ich es; will ich es einem Fragenden erklären, weiß ich es nicht." (Augustinus, Confessiones, 11. Buch, 629)

> „Denn das Vergangene ist nicht mehr, das Zukünftige noch nicht und die Gegenwart reduziert sich auf einen winzigen Punkt des Überschlags von Vergangenheit zu Zukunft. [Es] kennzeichnet die drei Zeitdimensionen als ‚Gegenwart von Vergangenem', nämlich Erinnerung; Gegenwart von Gegenwärtigem, nämlich Augenschein; Gegenwart von Künftigem, nämlich Erwartung." (dtv-Atlas zur Philosophie, S. 71)

> Die Zeit als Ordnungssystem, in das wir ganz selbstverständlich alles einordnen können, was passiert, muss als eine beachtliche Bewusstseinsleistung verstanden werden. Der Umgang mit dem Zeitstrahl muss gelernt werden (vgl. Jean Piaget 1974, Die Bildung des Zeitbegriffs beim Kinde, Frankfurt/M., Suhrkamp 1974).

Wie lassen sich diese unterschiedlichen Dimensionen des Zeitbegriffs durch philosophische Zugänge Kindern verständlich machen?

Erste Übung: Wo wohnt die Zeit?

Die Kinder tasten sich über verschiedene Stationen zu dieser Fragestellung heran:

Wo wohnst du, wo wohnt ein Hund?
Wo wohnt ein Baum?
Wo wohnt die Sonne?
Wo wohnt die Angst?

Zweite Übung: Gestern – heute – morgen

Die Kinder lesen diesen Text oder inszenieren ihn als Texttheater (vgl. Kapitel „Präsentatives Denken")

> **Luft anhalten**
> Herr Kuckuck holte tief Luft und schaute angestrengt auf die Uhr.
> „Potz Blitz! Sind das Tauchübungen?", fragte Frau Knösel.
> „Schnickschnack! Es ist die beste Methode, die Zeit anzuhalten. Einatmen ist Vergangenheit. Luft anhalten ist Gegenwart. Ausatmen ist Zukunft."
> Frau Knösel lachte. „Jetzt, wo sie es sagen, ist Ausatmen bereits Vergangenheit."
> (Franz Zauleck 2001, S. 35)

In der ersten Runde erzählen Kinder etwas, das ihnen bedeutsam erscheint, aus ihrer Vergangenheit. Gleiches geschieht mit Bezug auf die Gegenwart. Ihre Wünsche für die Zukunft formulieren die Kinder im dritten Schritt.

Diesen Erzählungen folgen Überlegungen über Zusammenhänge zwischen Vergangenheit, Gegenwart und Zukunft: Welchen Einfluss hat Vergangenes auf Gegenwart und Zukunft? Die Kinder orientieren sich bei der Beantwortung zunächst einmal an ihren Erzählungen. Gibt es die Gegenwart wirklich? Die Kinder werden aufgefordert, mit der Faust auf den Tisch zu klopfen und dabei das Wort „jetzt" aufzusagen. Danach setzen sie sich erneut mit der Fragestellung (siehe oben) auseinander. Wann beginnt Zukunft, etwa in der nächsten Sekunde, am folgenden Tag oder ab einem bestimmten Lebensjahr? Wie viel Vergangenheit und Gegenwart finden sich in der Zukunft?

Dritte Übung: Bild malen zum Thema „Zeit“

Einschränkung: Das Bild darf weder eine Uhr noch Zahlen enthalten!

Vierte Übung: Zeitkiste

Ein kleiner Karton, beschriftet mit dem Wort „Zeitkiste", wird in der Mitte des Raumes aufgestellt. Die Kinder schreiben Wörter (alle Wortarten sind erlaubt!), von denen sie überzeugt sind, dass sie etwas mit dem Begriff „Zeit" zu tun haben könnten („Zeitbegriffe").

Eine Auswertung der Zeitkiste ergab: Zunächst fallen den Kindern Wörter ein, die den Wortbaustein „Zeit" enthalten, weiterhin Wörter, deren Bezug zu „Zeit" offensichtlich ist (gestern, heute, morgen, jetzt, etc.), doch plötzlich behauptet ein Kind, eigentlich könne man alle Wörter in die Kiste werfen, denn sie wären ja in einer Zeit entstanden und würden immer zu einer bestimmten Zeit gebraucht - auf diese Weise wird eine unerwartete, lebendige Diskussion zwischen den Kindern ausgelöst!

Fünfte Übung: Schach der Zeit (ab Klasse 4)

Die Kinder berichten von ihren alltäglichen Erfahrungen im Umgang mit Zeit. Wann vergeht sie scheinbar schnell, wann nicht?

Es ist eine alltägliche Beobachtung, dass die Dauer unterschiedlich erlebt wird, je nachdem, ob es sich um eine angenehme Erfahrung handelt, in denen die subjektive Zeit sich verkürzt, oder um weniger angenehme Erlebnisse, in denen sie sich bis ins Unerträgliche ausdehnt.

Der italienische Schriftsteller, Chemiker und KZ-Häftling Primo Levi, stellt in seiner Erzählung „Schach der Zeit"(siehe Hans-Ludwig Freese, Abenteuer im Kopf. Weinheim, Berlin 1995) die fiktive Erfindung eines Medikaments mit Namen PARACHRON vor, mit dessen Hilfe sich das subjektive Zeitempfinden willentlich steuern lässt. Der Patient „kann es nun nicht nur mit der objektiven Dauer gleichschalten, sondern das Phänomen geradezu umkehren, das heißt, die Zeit der angenehmen Erfahrungen nach Belieben verlängern und die Dauer der lästigen und schmerzlichen Erlebnisse abkürzen."

- Würden sich mit PARACHRON Angst, Langeweile und alle übrigen schwarzen Zustände aus unserer Seele verbannen lassen?
- Würden wir Gefühle höchsten Glücks über eine längere Zeitdauer hinweg aushalten können oder würden sie bald unerträglich werden?
- Wie würde die Wahrnehmung der äußeren und inneren Welt und das Zusammenleben der Menschen dadurch verändert werden?
- Würde ich, sollte sich jeder eindringlich fragen, PARACHRON einnehmen?

Sechste Übung: Gedankenexperimente

> Stell dir vor, die Erde hätte die Größe eines Fußballs. Wie würden Lebewesen Zeit erleben? (Etienne de Condillac, in: Freese 1995)

Mathematischer Exkurs: Umfang der Erde, Rotationsgeschwindigkeit der Erde (465m/s), 24-Stunden-Tag, wie würde sich Zeiterleben auf diesem Hintergrund (Erde = Fußball) mathematisch berechnen lassen?

Zeitpfeil in entgegengesetzter Richtung laufen lassen und als literarische Vorlage das Kinderbuch von James Krüss, Die sonderbare Stadt Tempone (Berlin 2018), benutzen.

Siebte Übung: Mit einer Kindergruppe Standbild bauen zum Begriff „Zeit"

Eine Kindergruppe, die über Erfahrungen im Standbildbau verfügt, vermag auch einen abstrakten Begriff wie „Zeit" als Standbild darzustellen

Das kann dabei herauskommen: Was ist eigentlich Zeit? Zitate aus den Jaspers Philosophier-Clubs Edewecht und Bad Zwischenahn

> Zeit kann eigentlich alles Mögliche sein.
> Zeit, das ist um uns rum, das ist überall.
> Abends, nachts, mittags, vormittags, nachmittags.
> Zeit ist, wenn etwas wächst, also, es dauert.
> Zeit ist eigentlich Leben. Zeit ist Atmen, Wachsen, Tageszeit.
> Es gibt so viele Arten von Zeit.
> Zeit ist etwas säen.
> Es gibt Menschenzeiten, Pflanzenzeiten…
> Eigentlich ist unsere ganze Welt Zeit.
> Zeit ist eine Spanne zwischen zwei verschiedenen Sachen.
> Zeit ist ein Gefühl.
> Zeit ist das, was wir, wenn wir keine Uhr umhaben, nicht sehen.
> Zeit ist ein Druckerzeuger.
> Jahreszeiten zum Beispiel braucht ein Mensch nicht, weil er sein Leben auch so regeln kann.
> Zeit ist ein Gefühl, das uns das Leben leichter macht.
> Zeit ist die Sonne.

Zeit ist für den Menschen da, weil er glaubt, sie erschaffen zu haben. Für den Baum gibt es sie nicht, weil er einfach nur rumsteht und wächst und kein Zeigefühl hat.

Zeit ist mehr eine Entwicklung, zum Beispiel von „klein" zu „groß".

Zeit wächst und hat etwas mit Zahlen zu tun.

Zeit ist eine ausgedachte Hilfe für Menschen und Tiere.

Zeit ist etwas, das man nicht so gut erklären kann. Man weiß es einfach.

Zeit ist wie ein großer Fluss. Er kommt aus einer einzigen Quelle, verteilt sich in alle möglichen Richtungen, kann breit oder schmal sein, gerade oder tief, aber es ist eigentlich immer dasselbe.

Literaturangaben

Augustinus, Confessiones. Stuttgart 2011

Hans-Ludwig Freese, Abenteuer im Kopf. Weinheim, Berlin 1995

Peter Kunzmann, Franz Peter Burkard, dtv-Atlas zur Philosophie. München 2011

Jean Piaget 1974, Die Bildung des Zeitbegriffs beim Kinde, Frankfurt/M.1974

Franz Zauleck, Im Zwölfminutenwald, Leipzig 2001.

Kann ich mit einem Stein Suppe kochen?

Philosophieren über das Fremde

Das Kinderbuch „Steinsuppe" von Anais Vaugelade (Anais Vaugelade, Steinsuppe. Frankfurt 2000) war Anlass, mit Kindern im Grundschulalter mit Gruppen hochbegabter Kinder und einer dritten Klasse einer „Vollen Halbtagsgrundschule" – über das Fremde zu philosophieren.

Die Unterschiedlichkeit der Verläufe der Gespräche, aber auch der Ergebnisse verstärken die Erfahrung des Philosophierens als „Abenteuer im Kopf". Die wichtigsten didaktischen und methodischen Überlegungen sowie bemerkenswerte Gedanken der Kinder werden in diesem Beitrag teils dokumentiert, teils zusammenfassend wiedergegeben.

Freilegen von Gedanken

Philosophieren als „Hebammenmethode" verlangt zum Einstieg das „Freilegen" von Gedanken der Kinder zum gewählten Thema. Immer wieder bewährt hat sich dabei als Methode das Blitzlicht. Auf diese Weise veröffentlichen die Kinder in Form von Assoziationen ihre Gedanken zu einem Begriff. Das erste Blitzlicht in dieser Unterrichtseinheit beschäftigt sich mit dem Begriff „Heimat". „Was denkt ihr, was geht euch durch den Kopf, wenn ihr das Wort ‚Heimat' hört?" Die Antworten der Kinder:

> „An zu Hause, an mein zu Hause, an Wohnen, an mein anderes Haus und an Rumänien, an ein Haus, an die Stadt, an Deutschland und seine Länder, an Menschen, ein schönes Gefühl, an mein Zimmer, an Hauen. Fußball"

Parallelitäten und Unterschiede in diesen Antworten veranschaulichen bereits, dass sich alle Kinder auf ihre Weise mit dem Begriff auseinandergesetzt haben und damit etwas anzufangen wissen. Als inhaltlicher Kontrapunkt dient das Blitzlicht zu der Frage: „Was geht euch durch den Kopf, woran denkt ihr, wenn ihr das Wort ‚fremd' hört?" Die Antworten der Kinder:

> „Ich denke an einen fremden Hund, an Menschen, an böse Leute, gefährlich, an ein Haus, an die Stadt und an Leute, an Leute, an fremde Menschen, an Ausländer, dass mich ein fremder Mann entführt, an fremde Leute, an eine neue Freundin, an Kinder, an eine Fremdsprache"

Auch hier zeigen sich unterschiedliche Zugänge zum gleichen Begriff. Da ich mir nicht sicher war, ob „Heimat" und „fremd" als Begriffspaar ausreichen, um einen Einstieg in das Thema zu ermöglichen, habe ich ein drittes Blitzlicht mit dem Begriff „vertraut" versucht. „Woran denkt ihr, was geht euch durch den Kopf, wenn ihr das Wort ‚vertraut' hört?" Bemerkenswert erscheint, dass die Kinder noch einmal nachfragten, da sie sich nicht der Bedeutung des Wortes sicher waren. Nach kurzer Klärung, „vertraut" kommt von „Vertrauen", ergaben sich folgende Antworten:

> „Vertrauen eines Menschen, meine Reitstunde, an das Geben, an Freunde, wenn sie einem vertrauen, an einen guten Freund, an Versprechen, an gute Menschen, an Liebe, an Versprechen und Helfen, an Menschen, an Freunde, an meinen Freund, an meine Freunde, denen ich vertraue, an eine Maus (auf Nachfrage ergab sich, dass in diesem Falle die Computer-Maus gemeint war)."

Ohne ihn als solchen in den Gesprächen zu benennen, gilt es, den kulturellen Hintergrund als Nährboden, auf dem diese Antworten gewachsen sind, zu verdeutlichen. Dazu erhalten die Kinder den Auftrag, von zu Hause Gegenstände mitzubringen, die im Haushalt der Familie alltäglich eine Rolle spielen. Sollte der Gegenstand für einen Transport zu groß sein, genügt eine Zeichnung auf einem Blatt Papier.

Jedes Kind zeigt seinen Gegenstand den anderen, benennt ihn und legt ihn dann in die Mitte des Sitzkreises. Im Gesprächskreis äußern sich die Kinder zu Fragen wie: Was sind das für Gegenstände? Kennt ihr auch die Gegenstände der anderen? Wozu werden diese Gegenstände zu Hause genutzt? Was passiert in anderen Familien damit? Was ist gleich? Wo gibt es Unterschiede? Gibt es Orte, an denen eure Gegenstände nicht zu finden sind? Wie würde der Alltag sich ändern, wenn es bestimmte Gegenstände nicht gäbe? Ist ein Gegenstand für das Zusammenleben zum Beispiel einer Familie oder von Kindern wichtig oder nicht?

Spurensuche

Die Weiterführung geschieht, indem die Kinder gebeten werden, fremde Gegenstände von zu Hause mitzubringen, deren Zweck sie möglicherweise nicht verstehen. Falls möglich, sollen auch „fremde" Gegenstände aus anderen Haushalten als dem eigenen zur Verfügung stehen. Darüber hinaus können die Kinder zum Beispiel in Gruppenarbeit vertraute und fremde Gegenstände aus Bilderbüchern heraussuchen. Die Kinder begeben sich so auf Spurensuche anderer, eben fremder Kulturen im Alltag, ohne dass diese Aufgabe so formuliert worden wäre.

Die Auswertung dieser „Spurensuche" im Gesprächskreis kann durch diese Fragen stimuliert und vertieft werden: Was kenne ich sehr gut? Was erkenne ich auch in neuen Situationen wieder? Wie fühlt sich das an? Was ist mir fremd? Ist alles, was zu mir gehört, vertraut? Gibt es Fremdes in meiner Nähe? Welche Gefühle habe ich zu Fremdem und zu Fremden (z. B. Angst)? Können sich diese verändern? Wie, unter welchen Bedingungen?

Eine von den Kindern begründete Auswahl von Gegenständen, die ihnen vertraut erschienen:

> „Spielkonsole, Fernsehen, Schlagzeug, Minitrommel, mein Springseil, mein Bett, Spielfiguren, mein Fußball, meine Gabel, meine Legos, mein Schreibtisch, meine Autos, mein Zimmer, mein Wasserglas"

Fremd erschienen ihnen dagegen diese Gegenstände, wobei auch hier jede Aussage begründet wurde:

> „der Schrank, die Küchenschublade, meine Steine, eine Wäscheklammer, der Wald in der Nachbarschaft, Spielzeugautos, die Klebepistole, mein Meerschweinchen-Käfig, meine Sandkiste, mein alter Teller, unser Feuerzeug, der Eierschneider, die Waschmaschine, Kleider"

Kriterien für „vertraute Gegenstände" sind offensichtlich ihr häufiger Gebrauch, positive Gefühle, die sich mit ihnen verbinden, ihr Charakter als möglicher Glücksbringer, die Tatsache., dass sie selbst hergestellt wurden, weitere Assoziationen zu positiven Dingen oder die Verbindung zu einem anderen, vertrauten Menschen.

Als „fremd" bezeichneten die Kinder Gegenstände, die selten oder nicht mehr im Gebrauch sind, deren Funktion bzw. Funktionsweise sie nicht verstehen, die Furcht auslösen, an die schlechte Erinnerungen geknüpft werden (z. B. Tod eines Meerschweinchens) oder die dem eigenen Rollenverständnis widersprechen.

„Steinsuppe" im Unterricht ...

Mit dieser reflexiven Annäherung an die Begriffe „Heimat „vertraut", „fremd" beginnt die Begegnung mit dem Kinderbuch „Steinsuppe". Zur Einstimmung lege ich ein Stempelbild von einem Wolf in die Mitte des Stuhlkreises. Die Kinder nennen einen Begriff, der ihrer Meinung nach zu dem Bild passt, und begründen ihre Wahl. Überwiegend fällt der Begriff „fremd", wenige Male der Begriff „vertraut". Zusammengefasst werden diese Begründungen geliefert:

> „Das Tier kenne ich nicht, davor habe ich Angst, so ein Tier habe ich schon im Fernsehen gesehen, das Tier hat Ähnlichkeit mit einem Hund."

Durchaus im Sinne einer Erweiterung und Vertiefung des bereits Gesagten folgt ein Blitzlicht: „Woran denkt ihr, was geht euch durch den Kopf, wenn ihr das Wort ‚Wolf' hört?" Da in diesem Buch der Henne handlungsleitende Bedeutung zukommt, schließt sich ein weiteres Blitzlicht an: „Woran denkt ihr, was geht euch durch den Kopf, wenn ihr das Wort ‚Huhn' hört?" Die Antworten beider Blitzlichter werden an der Tafel notiert und bleiben bis zum Ende der Unterrichtseinheit sichtbar.

Im Anschluss an die Antworten zeige ich das Titelbild des Buches „Steinsuppe" herum und frage die Kinder: „Stell dir vor, du wärst ein Huhn. Du hättest eine Wohnung im Dorf der Tiere. Es ist Abend und schon dunkel. Es klingelt an deiner Tür. Vor der Tür steht dieses Tier hier. Würdest du deine Tür öffnen oder nicht?" Die Mehrzahl der Kinder spricht sich gegen eine Öffnung der Tür aus. Allerdings gibt auch einige Kinder, die erklären, warum sie die Tür öffnen würden:

„Der Wolf sieht so arm und verhungert aus. Ich habe Mitleid mit ihm. So wie der Wolf aussieht, wird er mir nichts tun wollen. Ich glaube nicht, dass er mich fressen will."

Nach dieser Vorbereitung lese ich die Geschichte vor und zeige nach jedem Textvortrag das dazugehörige Bild. Bereits nach der ersten Seite äußern die Kinder erhebliche Zweifel, ob sich aus Steinen eine Suppe kochen lasse und begründen diese.

... als Texttheater

Die dritte Textseite - es handelt sich zweifellos um eine Schlüsselstelle des gesamten Buches - inszeniere ich als Texttheater. Das Texttheater ist ein spielerischer und zugleich aktiv-fragender Umgang mit Texten. Ich teile den Text in zwanzig Sprechabschnitte auf:

Die Henne erschrickt:
„Der Wolf?"
„Hab' keine Angst, Henne.
Ich bin alt
und habe nur noch
einen einzigen Zahn.
Lass mich herein,
damit ich mich
an deinem Kamin aufwärmen
und mir eine Steinsuppe kochen kann."
Sie hat immer noch
ein bisschen Angst,
aber sie ist neugierig.
Sie hat den Wolf noch nie
mit eigenen Augen gesehen,
sie kennt ihn nur
aus Geschichten.
Und außerdem würde sie zu gerne
die Steinsuppe probieren.
Also öffnet sie die Tür.

Die Lehrkraft dirigiert und gibt den Kindern ihren Einsatz. Der Text kann je nach Anweisung der Dirigentin durch Stimmmodulation verändert, durch entsprechende Gestik und Mimik in seiner Aussage begleitet oder durch Gegenüberstellung von Textstellen polarisiert werden. So entsteht der Eindruck eines gesprochenen Singspiels. Die wichtigste Spielregel lautet, dass der Wortlaut des Textes nicht verändert werden darf. Die Textstellen können monoton oder gehetzt, im Singsang, mehrfach wiederholend, unterschiedlich betont etc. vorgetragen werden. Die gewünschte Deutung der Textstelle kann auch durch Körpersprache, Pantomime, Rhythmisierung etc. unterstrichen werden.

Nach dem Texttheater wird die Geschichte weiter vorgelesen. Auf Textseite 7 unterbreche ich den Vortrag bei der Zeile: „Man kann sich vorstellen, wie es weitergeht" Die Kinder werden gebeten, ihre Vorstellungen über den Fortgang der Geschichte zu formulieren, ihre spekulative Kompetenz wird gefordert.

Überwiegend vermuten die Kinder eine böse Tat des Wolfs, nur einige wenige halten es für möglich, dass der Abend einen guten Verlauf nimmt. Einige Kinder antizipieren den weiteren Gang der Geschichte, soweit es das Kochen der Steinsuppe betrifft, relativ präzise.

Nachdem die Kinder über den Fortgang der Geschichte spekuliert haben, wird die Geschichte weiter vorgelesen. Auf Textseite 10, als der Wolf aufbricht und die Ente fragt, ob er bald wiederkäme, wird der Vortrag erneut unterbrochen. Nachdem die Zeile „der Wolf antwortet nicht" vorgelesen wurde, frage ich die Kinder, ob sie meinen, dass der Wolf wiederkommt oder nicht wiederkommt und welche Gründe sie für ihre Überlegungen haben. Zunächst lasse ich die Kinder durch Aufzeigen abstimmen. Danach bitte ich die Kinder, die vermuten, dass der Wolf wiederkommt, ihre Gründe darzulegen.

Nachdem dies geschehen ist, wird die nächste Textseite vorgestellt, die aus einem Bild und einem einzigen Satz besteht: „Aber wahrscheinlich ist er nicht wiedergekommen." Jetzt begründen die Kinder ihre Meinung, die sich bereits vorher in dieser Weise geäußert haben, dass der Wolf nicht wiederkomme.

... als Rollenbefragung

Nachdem sich alle Kinder noch einmal genau dieses Bild des Wolfes, der sich aus dem Dorf entfernt, betrachtet haben, inszeniere ich mit der Klasse eine situative Rollenbefragung des Wolfs.

Ein Kind setzt sich auf einen Stuhl mit dem Rücken zur Klasse. Es erhält den Auftrag, zunächst nichts anderes zu tun, als genau zuzuhören, was die anderen Kinder sagen. Diese Kinder werden gebeten, sich zu überlegen, was der Wolf in dieser Situation denken könnte. Diesen Gedanken sollen sie – möglichst knapp – in „Ich-Form" aussprechen, von ihrem Platz aufstehen, hinter den „Wolf", der auf dem Stuhl sitzt, treten und ihren bereits geäußerten Gedanken erneut „aufsagen". Bei dieser Empathie-Übung, mit der sich die Kinder in ihrem Denken an die Stelle einer anderen Person setzen, wurden diese Aussagen getroffen:

> „So ein Mist, dass die ganzen Tiere hergekommen sind." „Mit der Steinsuppe habe ich alle satt gekriegt." „Heute Nacht schleiche ich mich noch einmal an." „Mann, dann fresse ich das Huhn eben ein anderes Mal." „So ein Glück, dass ich die los bin." „War ja gar nicht so schlecht." „Mist, das Schwein war so dick, schade, dass ich es nicht fressen konnte." „Doof, dass die ganzen Tiere da waren." „Nette Freunde, eigentlich," „Eigentlich hat es ziemlich viel Spaß gemacht. Vielleicht komme ich morgen wieder." „Morgen gehe ich vielleicht in ein anderes Haus." „Ich hatte nicht gedacht, dass mir das Huhn vertraut." „Das Huhn sah so lecker aus." „Ich wollte eigentlich das Huhn heute früh fressen, aber ich kann es noch heute Nacht versuchen."

Nachdem alle Kinder noch einmal ihre Aussagen wiederholt hatten, erhielt der auf dem Stuhl sitzende Junge folgende Aufgabe: Er sollte alle Kinder mit Aussagen, die mit seinem Denken übereinstimmen, nach vorn platzieren. Alle Kinder mit Aussagen, die seinem Denken entgegengesetzt waren, sollten nach hinten gestellt werden. Wo er sich bei Aussagen nicht entscheiden konnte, wurden die Kinder in die Mitte gestellt. Seine Kommandos nach jeder Aussage waren einfach „nach vorn", „nach hinten" oder „in die Mitte". Auf diese Weise entstand ein Gedankenbild jenes Jungen, der auf dem Stuhl Platz genommen hatte.

Bereits nach der ersten Äußerung stützte der Junge seinen Kopf in die Hände und ließ sich bei jeder Entscheidung außerordentlich viel Zeit. Nachdem er seine Sortierung der Aussagen vorgenommen hatte, wurden die übrigen Kinder gefragt, ob die einzelnen Aussagen in den Gruppen denn auch zusammen passen würden. Es ergab sich eine lebhafte Diskussion über die vorgenommene Sortierung. Verschiedene Kinder verlangten begründet Änderungen.

Ein Junge verwies darauf, dass man eigentlich drei Gruppen unterscheiden könne: die Gruppe derjenigen, die weiterhin meinten, dass der Wolf die Absicht habe, die Tiere zu fressen. Die Gruppe derjenigen, die glaubten, der Wolf habe auf sein ursprüngliches Ziel verzichtet und die Gruppe derjenigen, die meinten, der Wolf habe neue Freunde gefunden und könne deshalb ein anderer geworden sein. Der Junge, der die Sortierung vorgenommen hatte, schloss sich den meisten Änderungen an und gab dafür entsprechende Gründe an.

… im Stuhlkreis

Zur Vertiefung kommt die Klasse im Stuhlkreis zu einem Gespräch zusammen, das sich im Wesentlichen um drei Fragen dreht: Handelt es sich um einen guten oder einen bösen Wolf? Warum hat er die anderen Tiere nicht gefressen? Was hat der Wolf nicht, was wir haben?

In einem Exkurs habe ich die Klasse gebeten, darüber nachzudenken, was eigentlich schwieriger sei: ein Mathetest oder wie eben erlebt, die Sortierung der Aussagen der Kinder in drei Gruppen. Die Kinder erklärten übereinstimmend, das die soeben bewältigte Aufgabe ungleich schwieriger sei als ein Mathetest. Auf die Frage, warum dies so sei, antworteten alle Kinder unterschiedlich:

> „Bei dieser Aufgabe muss ich nicht nur selbst nachdenken, sondern gleichzeitig versuchen, meine Gedanken und die Gedanken anderer zu vergleichen. Das ist sehr schwer." „Beim Mathetest muss ich nur rechnen, bei dieser Aufgabe muss

ich nachdenken." „Beim Mathetest kommt das vor, was ich schon weiß, wenn ich aufgepasst habe. Bei dieser Aufgabe muss ich mir alles selbst ausdenken." „Beim Mathetest geht es um Zahlen. Bei dieser Aufgabe ging es um schwierigere Dinge." „Beim Mathetest kann mir mal einer vorsagen. Hier geht das nicht." „Beim Mathetest kenne ich schon vieles. Hier war das meiste neu für mich."

Die Kinder haben mit ihren Worten gezeigt, dass sie den Unterschied zwischen der Reproduktion von Wissen einerseits und selbstständigem Denken andererseits durchaus erkannt haben. In der nächsten Stunde wurde das Buch erneut zum Gegenstand von Reflektionen gemacht. Die Kinder wurden gefragt, ob sich der Wolf und die Tiere verändert hätten.

> „Ja, sie haben sich mit ihm angefreundet, sie hatten kaum noch Angst, sie sind traurig, dass er geht. Sie würden gern noch Geschichten von ihm hören." „Nein, sie bleiben misstrauisch, weil er nichts von sich erzählt hat, sie erfahren nichts von ihm." „Er ist freundlich zu ihnen, deshalb verlieren sie ihre Angst vor ihm." „Der Wolf hat sich schon verändert, weil er die Tiere eben nicht frisst." „Es geht immer wieder von vorne los, kommt ein neuer Wolf, sind die Tiere wieder ängstlich und misstrauisch."

Anschließend vergleichen die Kinder ihre Aussagen aus dem Blitzlicht zu Beginn der Unterrichtseinheit (vgl. S. 6) zum Begriff „Wolf" und vergleichen. Sie verweisen auf jene Momente, die aus dem Fremden, dem Wolf, einen Vertrauten machen können:

> „Er muss gute Geschichten erzählen können." „Er muss den anderen etwas geben oder mitbringen." „Er muss freundlich sein." „Er muss viel von sich erzählen." „Er muss auf das, was er vielleicht vorhatte, verzichten können." „Er muss so handeln, dass niemand Angst vor ihm haben muss." „Man muss ihn kennen lernen können."

Die Fragestellung nach dem Wolf wird wieder aufgenommen und verbunden mit der Überlegung, ob ein Wolf in Wirklichkeit sich auch verändern könne oder ob dieses nur in dieser Geschichte möglich wäre. Die überwiegende Mehrheit der Kinder spricht sich dafür aus, dass ein wirklicher Wolf ein Raubtier bleibe, der eben so ist, wie er ist, und sich nicht verändern könne. Mehrere Kinder geben allerdings zu bedenken, dass ein Wolf, der von Menschen gezähmt wird, sich durchaus verändere. Wenn der Wolf sich zum Hund hin entwickelt habe, sei er auch nicht mehr fremd.

... als Mind-Map

Nach dieser Erörterung erhalten die Kinder den Auftrag, sich zu überlegen, wie diese Geschichte aussehen würde, wenn statt der Tiere Menschen die handelnden Personen wären. Die Kinder denken sich für jede Tierfigur einen Menschen aus und versuchen, ihn mithilfe der Nennung entsprechender Eigenschaften zu beschreiben. Dabei wird eine Mind-Map erstellt. Auf der Grundlage ihrer Mind-Maps erfinden die Kinder Geschichten, die sie in Form von Comics oder Texten darstellen.

Dabei prüfen die Kinder die Frage, welche Gründe für andere Handlungsverläufe sprächen. Gleichzeitig denken sie über die Frage nach, welche Leute, die an ihrer Tür klingelten, sie hereinließen und welche nicht. Auf diese Weise entsteht ein weiteres Bild des Fremden und der dabei beobachteten Gefühle.

Den Kindern wird so bewusst, dass „Heimat", „fremd" oder „vertraut" veränderbare Kategorien sind, die sich nicht allein mit dem Verstand erfassen lassen, sondern auch über eine emotionale Komponente verfügen, die häufig handlungsleitend wirkt.

Anknüpfend an die bei nicht wenigen Kindern noch vorhandene „Märchen-Sozialisation" ließe sich mit einer einfachen Frage ein anderes Thema anhand dieses Buches aufwerfen: „Handelt es sich in dieser Geschichte um einen guten oder einen bösen Wolf?"

Dabei gerät die Klärung der beiden Begriffe „gut" und „böse" in den Mittelpunkt. Die beeindruckende Antwort lieferte ein Vierjähriger, indem er mit einer entsprechenden Handbewegung feststellte, der Wolf sei beides, gut, weil er den anderen Tieren einen schönen Abend bereitet habe, böse, weil er sie betrogen habe.

Haben Steine ein Zuhause?

Ein ungewöhnlicher Einstieg in das Thema „Nachhaltigkeit“

Ein „Zuhause“ haben – Vorstellungen von Kindern im Vorschulalter

Die Frage der Nachhaltigkeit zielt nicht zuletzt auf unsere Lebensweisen und damit auf die zentrale Fragestellung des ethischen Diskurses: Wie wollen wir leben? Zugespitzt auf die Diskussion über Nachhaltigkeit wäre zu formulieren: Wie müssen wir heute leben, damit auch nachfolgende Generationen morgen noch leben können? Eingeschlossen in diese Überlegungen ist die Frage nach dem, was wir wirklich zum Leben brauchen und ob „Wachstum“ als Wirtschafts- und Lebensform tatsächlich eine vernünftige Lebensperspektive eröffnet.

Dieses Thema mit Kindern zu erörtern und dabei ins Philosophieren zu geraten, erfordert Umwege, die einen möglichen lebensweltlichen Bezug der Kinder zum Ausgangspunkt („Anschauung“) nehmen, um im weiteren Verlauf des Gesprächs zu eher prinzipiellen Erkenntnissen zu gelangen. Dieser Umweg wird im Folgenden paradigmatisch an der Frage erörtert, was es bedeutet, ein Zuhause zu haben. Auszüge aus Gesprächen mit Kindern in mehreren Kindertagesstätten zeigen die Vorstellungen, die Kinder vom Begriff des Zuhauses haben.

Praxisbeispiel „Zuhause“

Kinder verfügen über ein entwickeltes Vorstellungsleben zum Begriff „Zuhause“, das zunächst ergründet werden sollte. Ein Bild (ohne Text) aus dem Buch „Frag mich“ von Antje Damm wird gezeigt. Die Kinder werden aufgefordert, genau und ruhig hinzuschauen.

Aus: Antje Damm, Frag mich. Frankfurt 2017

Gespräch in der Kindertagesstätte 1

Was habt ihr gesehen? (**Phänomenologische Methode**: genau beobachten und beschreiben)

Kind hat geweint ein Baby da war ein kleiner Junge, der schläft der war so klein und hat keine Familie das Baby hat geweint

Ist noch was drauf, was ihr noch nicht genannt habt? (**Methode: Nachfrage**)

ein Mädchen das ist ein Junge der liegt in so einer Bananenkiste

Schlaft ihr auch in einer Bananenkiste? (**Methode: Reflexion des eigenen Lebensvollzuges**)

nein.... in einem Hochbett in einem Kleinbett auch in einem kleinen Bett

Warum schläft das Kind in einer Bananenkiste? (**Methode: Gute Gründe nennen für etwas**)

weil er kein Bett hat weil er keine Familie hat und sich kein Bett kaufen kann (Kommentar: Familie und Zuhause werden als Einheit gedacht) *oder seine Familie und das Baby sind umgezogen vielleicht sind die Eltern gestorben und Oma und Opa können auch nicht helfen*

Dem Jungen fehlt also was, was müsste er aber haben? (**Methode: Spekulatives Denken**; Kommentar: Hier wird versucht, auszuloten, ob die Kinder, ohne dass das Wort fällt, bereits ein Bild von „Zuhause" im Kopf haben.)

ein Bett Essen und Trinken ein Kissen etwas zu trinken nur für Babys er braucht Kinderlieder Obst

Hat das Kind auf dem Bild kein Zuhause? **(Methode: Hinterfragen eines Begriffs)**

hat kein zuhause! Warum? – weil alles so schwarz aussieht (Kommentar: Zuhause wird mit „hell" gleichgesetzt) *hat keins, weil er in einer Bananenkiste liegt der hat ein zuhause, der hat das Licht aus, aber er kann es nicht wieder anmachen oder das ist das Kinderzimmer von ihm*

(Kommentar: Die Bananenkiste als Schlafgelegenheit scheint kein Problem zu sein!)

Was braucht man alles für ein Zuhause? **(Methode: Vorstellungsleben auf den Begriff bringen)**

er braucht Sachen zum Anziehen ein Bett eine Küche ein Badezimmer Möbel Geld Spiele und Babyautos ganz viel Spielsachen Eltern und so welche Arbeit für die Eltern, für Geld verdienen oder vielleicht kann es ja auch sein, dass die Eltern noch bei Dunkelheit bei der Arbeit sind und er muss alleine schlafen

Was habt ihr denn alles zu Hause? **(Methode: Nicht-wertendes Vergleichen)**

ein Dinosaurier Spiele… noch mehr? Bücher, Lampe ein hohe Bücherregal wir haben Möbel und mehr fällt mir grad nicht ein ich hab ein Fernseher und ich hab ein Bett und eine Küche ein Fernseher im Kinderzimmer, eine Wohnzimmer, ein Büro und ein Gäste-WC Kinderzimmer, eigenes Fernseher, Tornister, Autobett, Geld Bett, Autos, ganz viele Autos zum Spielen bei mir ist viel, ich habe Holzeisenbahn und dann hab ich noch eine elektrische Bahn, da muss man einen Knopf drücken und dann fährt die, und dann hab ich noch ein Bücherregal einen Kran und eine Feuerwehr

Stellt Euch vor, ihr müsstet entscheiden: Was fehlt mir noch, was brauchen wir noch, damit es ein wunderschönes Zuhause ist? **(Methode: Gedankenexperiment: Was wäre, wenn...)**

Spielzeug Möbel Schokolade Fahrrad Haustür und Fenster Auto, Motorrad, ein Fahrrad ein Wohnzimmer und Geld ein Garten

(Kommentar: teilweise sind Grundbedürfnisse erkennbar, teilweise gehen die Wünsche deutlich dar*über hinaus, je nach individueller Wohnsituation)*

Gibt es auch Dinge, von denen ihr denkt, die brauche ich nicht, die kann ich abgeben? **(Methode: Spekulatives Denken, Reflexion über den eigenen Lebensvollzug)**

ich brauche nicht so viel Spielsachen ich brauche kein kleines Fahrrad – weil ich groß bin keine Legosteine kleine Anziehsachen kein Haus kein Cart- Auto, weil ich schon eines habe (Kommentar: es findet eine klare Trennung zwischen „überflüssig" und „nicht mehr notwendig" statt)

Stellt Euch vor, ihr kennt das aus dem Märchen, da kommt eine Fee und sagt, dass ihr drei Wünsche frei habt. Ihr dürft drei Dinge sagen, die ihr für euer Zuhause unbedingt haben wollt – ihr habt noch kein Zuhause – was wären die drei wichtigsten Dinge? (**Methode: Gedankenexperiment**: Was wäre, wenn…)

ein Bett, Kissen, ein Haus Spielzeug, Geld, ein Haus Möbel, Fernseher, Geld Spielzeug, „Star Wars"- Karten

ein Haus, ein Fernseher, Geld Spielzeuge, „Spiderman" – Roboter, ferngesteuerte Autos kleines Motorrad, kleines Flugzeug, Pokemon Geld, Spielzimmer, ein Haus Lampe, Schränke, Bett

Haben nur Menschen ein Zuhause? (**Methode: Hinterfragen eines Begriffs**)

Tiere haben auch ein Zuhause

Wo?

das Wildschwein im Wald ein Adler im Baum ein Bär in einer Höhle Löwe auf Sand ? ein Fuchs in so einer kleinen Höhle im Wald Igel, die verstecken sich unter Blättern oder in Baumhöhlen der Adler im Bergnest Ginger im Weltall Pegasus in der Luft

Gibt es außer Menschen und Tieren noch etwas anderes, das ein Zuhause hat? (**Methode: Versuch einer Begriffsklärung;** weiteres Ausloten der Metapher „Zuhause")

die ganze Welt. Wo ist das Zuhause der Welt? – im Weltall im Himmel. da wohnen tausend. da wohnen all die Deutschen, aber ich bin arabisch (Kommentar: Kontrast der Kulturen!) *im Himmel, aber das sagt man nur so, wenn jemand gestorben ist*

Alle kennen Steine, haben die auch ein Zuhause? (Methode: s. o.)

Mehrheit der Kinder sagt nein, 3 meinen ja: Wo?

auf Gras auf dem Boden

Hat alles ein Zuhause? (**Methode: Analytisch, Zergliedern und Zusammenfügen von Sachverhalten, Begriffsklärung**)

Nein nicht alles hat ein Zuhause, z.B. Fensterrahmen, weil der zum Zuhause gehört (Kommentar: wenn etwas integrierter Bestandteil von einem Zuhause ist, dann ist es Zuhause und hat kein Zuhause; interessante Denkleistung!) *Gras hat auch kein Zuhause, weiß nicht, wie ich das sagen soll* (Kommentar: wahrscheinlich ist es das Grenzenlose, das dieses Kind meint, weshalb Gras, das überall wächst, eben kein Zuhause hat) *ein Staubsauger hat kein Zuhause, weil er im Staubsauger drin ist (das Ding im Ding) das Gras liegt nur so dumm rum, dann hat es kein Zuhause Sand, weil Sand gehört in einen Sandkasten „Wäre der Sandkasten kann das zuhause?" – ja* (Kommentar: hier wird der uralte, heute nicht mehr gebräuchliche Begriff des „Einhausens" wieder lebendig!) *die Straße hat kein Zuhause, weil die Autos kommen und parken und dann ist es dunkel und dann ist es ein Zuhause* (Kommentar: das Kind meint: Jene Straßenfläche, die vom Auto beparkt wird und deshalb dunkel ist, erscheint für jenen Straßenteil als Zuhause – das Bild vom Dach über dem Kopf) *Wasser, weil das beim Strand ist* (Kommentar: Nähe und Zusammengehörigkeit)

Gespräch in der Kindertagesstätte 2:

Wer von Euch weiß was ein Blitzlicht ist?

ein Licht, womit man die Autos blitzt wenn Gewitter ist wenn Donner ist eine Kamera von der Polizei, wenn man zu schnell fährt

Blitzlicht kann man auch mit seinem Kopf machen, wenn ich euch etwas sage oder zeige, dann denkt ihr was. Wenn ich ein Wort sage, dann denkt ihr etwas und sagt es dann. Woran denkst du zum Beispiel, wenn du Sport hörst?

Fußball, Boxen, an Ballett, an Rennen, an Handball, an Tennis, auch an Tennis

Was fällt euch ein, wenn ihr das Wort Sommer hört?

dass es da heiß ist, an ein Riesenschiff, das die Blumen wachsen, das die Äpfel an die Bäume kommen, dass die Sonne dann da ist, dass die Birnen dann da sind, dass man an den Strand gehen kann, auf einer Fähre wo ein Planschbecken ist, ein Segelboot wo man Fische fangen kann, an Pferde

Woran denkt ihr, wenn ihr das Wort Zuhause hört? (**Methode: Blitzlicht, assoziatives Denken**)

wenn man im Bett liegt wenn man im Bett liegt und schläft zuhause mag ich immer so gerne faul im Bett rumliegen Fernsehen gucken spielen lesen fernsehen weil es so gemütlich ist

Material wird ausgepackt, Gegenstände werden benannt (s. nachfolgende Bilder). Ein Kind fragt, weil keine Figuren dabei sind:

Wo sind die Menschen? (Kommentar: Zuhause als soziale Kategorie gedacht, obwohl der Begriff bis dahin nicht gefallen ist)

Ist das denn auch ein Zuhause? (**Methode: Hinterfragen**)

ja, aber nicht alles, was da ist, gehört nach drinnen, da ist auch was, was nach draußen gehört. (Kommentar: Unterscheidung zwischen einem äußeren und einem inneren Zuhause angelegt)

Kinder sortieren nach drinnen/draußen (**Methode: Dialektik, Denken in Gegensätzen und Widersprüchen**). Ein Kind stellt zwischendurch die Frage:

Warum hast Du keine Waschmaschine mitgebracht? (Kommentar: Ergebnis des nicht-wertenden Vergleichens zwischen dem eigenen Zuhause und als Playmobil-Sammlung präsentierten Zuhause)

Was fehlt denn da noch, du hast gesagt, da ist ja gar keine Waschmaschine dabei? (**Methode: Spontanes nachfragen**)

ein Waschbecken, eine Toilette, Trockner, ein Besenstil, ein Herd, eine Kuh, ein Balkon, ein Dach, ein Ofen, ein Kühlschrank (Kommentar: erneut eine beachtliche Sammlung von Merkmalen für „Zuhause")

Ich zeige euch mal ein Bild, schaut es nur an, noch nichts sagen (Bild, s. o.) Was habt ihr gesehen? (**Phänomenologische Methode: Beobachten, beschreiben**)

schlafendes Kind
Baby
im Karton
Bett
ein Korb wo das Kind drin schläft
Kasten
Kissen
ein Karton wo das Baby drin schläft
Bettdecke mit einem Kopfkissen
Was glaubt ihr, hat das Kind ein Zuhause? (Methode: Hermeneutik, Deuten einer Deutung)
nein
weil da kein Bett ist
weil die Eltern arm sind
weil der hat kein Zuhause
weil die Eltern gestorben sind
Stellt euch vor, ihr dürftet dem Kind ein Zuhause schenke, da liegen die Sachen, was würdet ihr dem Kind schenken, damit es ein Zuhause hat? (Methode: Gedankenexperiment: Was wäre, wenn…)
Schrank
Warum würdest Du ihm den Schrank geben?
damit es Möbel hat
Hund zum Schrank, damit das niemand klaut (das Kind)
Schaukelpferd, damit das was zum Spielen hat
Auto und Fernseher, damit die fernsehen und einkaufen können
Sofa und 2 Menschen, damit das nicht so allein ist und die sich setzen können (Kind wirft ein: das hat Eltern, wenn die da wohnen)
Bett
Mülleimer, damit sie den Müll darein legen
Schrank, dass er da seine Kleider rein tun kann
den Bär, damit er was zum Spielen hat (legt den Fernseher zurück) (ein Kind ruft dazwischen: *Damit er was zum Kuscheln hat!)*
Wanne, zum Baden
Körbchen, zum Picknick

(Kommentar: Hier wäre interessant zu erfahren, ob die Kinder bei der Gestaltung eines Zuhauses für ein armes Kind andere Maßstäbe anlegen als für sich selbst bzw. wie beide Haltungen sich mischen.)

Alles wird wieder zurückgelegt und die neue Aufgabe ist: Manchmal gibt es in den Märchen eine Fee und die erfüllt drei Wünsche. Diese Fee soll für das Kind auf dem Bild drei Sachen auswählen (**Methode: Gedankenexperiment: Was wäre, wenn...)**

- Sofa, Schaukelpferd, Bär
- Mensch, Mensch, Hund
- Schrank, Erste-Hilfe-Koffer, Tisch
- Bär, Schaukelpferd, Stuhl
- Huhn liegt in der Kiste, Hund
- Bett, Sofa, Schaukelpferd

(Kommentar: Die Unterschiede und Gemeinsamkeiten bei den dargestellten Entscheidungen der Kinder verraten einiges über Bilder bzw. Vorstellungsleben der Kinder, wenn es um den Begriff „Zuhause" geht.)

Ergebnisse (Zahl der Nennungen): Sofa (3), Schaukelpferd (5), Bär (3), Mensch (3), Huhn (2), Hund (4), Kiste (3), Stuhl (2), Tisch (1), Bett (3), Schlitten (1), Schrank (2), Auto (2), Korb (1). Fast bemerkenswerter als die ausgesuchten erscheinen die nicht berücksichtigten Gegenstände.

Es gibt ganz viele Zuhause auf der Welt, in Afrika, in Amerika in Frankreich, in Russland, überall. Jetzt überlegt euch mal, ihr könntet ein Zuhause irgendwo auf der Welt besuchen. Wo würdest Du gern mal hin? (**Methode: Gedankenexperiment: Was wäre, wenn...)**

in die Sahara, weil die bauen die Häuser anders

ich möchte gerne in Afrika gehen ... weiß nicht

in die Savanne

Was ist da so interessant?

ich möchte mir die Tiere anschauen

Haben die Tiere denn auch ein Zuhause? (**Methode: Begriff „Zuhause" hinterfragen**)

Ja

ein Käfig

ja, Hunde, eine Hundehütte

in Zoo, ganz viele Käfige

Russland, das ist das Zuhause...?

der Fuchs, der hat einen Bau

ein Eichhörnchen, auch ein Bau

Hat eigentlich alles ein Zuhause? (Methode: Begriffsklärung, Abstraktion)

Nein, ein Schuh nicht.

Haben Steine ein Zuhause?
Nein, aber Enten
Katzen haben ein Körbchen
Vögel, die haben kein Zuhause (großer Protest)
weil die immer so rumfliegen
aber die bauen sich ein Nest
aber wenn die größer sind, dann haben sie kein Zuhause mehr (Protest)
die bauen sich ein Vogelhaus
wenn die Küken größer sind haben sie kein Zuhause mehr, dann fliegen sie einfach so rum
nein, die haben doch ein Zuhause, die können ja immer wieder zu den Eltern zurückfliegen
ne, das stimmt gar nicht, weil die Vögel wenn die das Nest nicht mehr brauchen fliegen die nur frei rum
die kommen dann immer zurück, wenn die Eltern wegfliegen die kommen dann immer wieder zum Nest zurück

(Kommentar: Die Debatte über das Zuhause der Vögel unterstreicht neben anderem den Entwicklungsstand des Begriffsverständnisses von Kindern. Ein zeitweiliges Zuhause ist für viele nicht vorstellbar.)

Jetzt kommt die Fee zu Euch, eine ganz strenge Fee, für euch hat sie nur einen Wunsch frei, für euer Zuhause dürft ihr euch eine Sache wünschen, was könnte es sein, das möchte ich für mein Zuhause noch haben (Methode: **Gedankenexperiment: Was wäre, wenn...)**

ich wünsch mir ein Fotoapparat
ich wünsch mir eine Kutsche
ich wünsch mir einen Flieger wo ich mitfliegen kann
ich wünsch mir einen Balkon
ich wünsch mir einen Computer mit Fernseher
ich wünsch mir ein Pferd
ich wünsch mir eine Kutsche
ich wünsch mir ein Hotwill-Auto???
ich wünsch mir ein Fotoapparat
ich wünsch mir einen fliegenden Löwen

Gespräch in der Kindertagesstätte 3:

Was steht da eigentlich alles auf dem Tisch? Was siehst du auf dem Tisch?

Mülltonne, Bär, Kinder, Auto, Kühlschrank mit Fernseher oben drauf, Pferd, Huhn, Auto, Fernseher, Schlitten, Hund

Was meint ihr, was könnte das alles zusammen sein?

Haus (Mehrheit)! (Kommentar: Die Kinder sagen aber nicht: Zuhause, es fehlt der subjektive Bezug; nicht jedes Haus ist ein Zuhause. Was unterscheidet Haus von Zuhause?)

Könnte da jemand wohnen?

Ja

Ihr wohnt ja auch irgendwo, was ist bei euch Zuhause anders als auf dem Tisch? (**Methode: Nicht-wertendes Vergleichen, Erkennen von Unterschieden, Ähnlichkeiten und Gemeinsamkeiten**)

wir haben keinen Bären

wir haben keinen Schlitten

wir haben kein Schaukelpferd

wir haben keinen Hund, sondern eine Katze

und kein Garten ist da, wir haben aber einen Garten

wir haben nicht auf dem Kühlschrank einen Fernseher stehen

wir haben kein Huhn

ich habe ein Pferd

ich hab' auch kein Pferd

Vielleicht gibt es ja etwas, was ihr habt und was hier gar nicht da ist?

ich habe einen Pferdestall

ein Baby zuhause und hier nicht

wir haben einen Kinderwagen

ich hab' Lego

wir haben einen Garten und da ist gar kein Garten

wir haben eine Schippe und da ist gar keine Schippe

ich hab' Hackroller und hier liegen gar keine Hackroller

wir haben zuhause eine Sandkiste und hier ist gar keine Sandkiste

wir haben eine größere Mülltonne

eine Lampe

Jetzt eine ganz schwierige Aufgabe für euch – ihr wisst alle was ein Zuhause ist?

ja (alle)

Ihr sollte jetzt eine Sache von dem Tisch wegnehmen, von der ihr meint, diese brauchen wir nicht zuhause

Auto, Schaukelpferd, Bär, Huhn, Hund, (Kind denkt lange nach) Korb, Schrank, Harke, Fernseher, Kiste, Schlitten

Gibt es noch etwas von dem ihr meint, dass kann noch weg?

Mülleimer, Schrank, Arztkoffer, Sofa mit Figuren, Wanne

Bild: Ines Müller

Ist das jetzt ein Zuhause?

Nein (alle, lachen)

Nun wird nochmals das Bild vom schlafenden Kind in der Bananenkiste gezeigt Frage: Ist das ein Zuhause? Was habt ihr gesehen?

eine Decke

ein Baby

Schlafkörbchen – schau mal genau hin ob das wirklich ein Schlafkörbchen ist

Schlafanzug

Decke

Papier

Worin schläft das Baby?

in einer Bananenkiste

Hat das Baby ein Zuhause?

nein, weil das da drin liegt, sonst schlafen die Babys immer in einem kleinen Bett

nein, weil das kein Bett hat

nein, weil es keine Mama hat

nein, weil es keine Decke und kein Kopfkissen hat

nein, weil sonst immer schlafen die Babys in einem kleinen Bett

weil es so ganz allein ist

und weil es keine Spieluhr hat zum Einschlafen

weil das nur auf den Steinen steht mit einer Bananenkiste
weil das keinen Papa hat
weil das so alleine und traurig und einsam ist
Was denkt ihr denn, braucht jeder ein Zuhause?
ja (alle) (ein Kind ruft dazwischen: Die armen Kinder auch!)
es hat kein Zuhause, weil es immer ganz alleine draußen ist und dann wird es immer nass
Braucht jeder Mensch ein Zuhause
ja, weil sonst ist das kalt
sonst kommt Blitz und Hagel
es braucht kein Zuhause, man kann ja zelten oder irgendwo schlafen
man braucht ein Zuhause, weil sonst friert man super toll, wenn Winter ist, und man steht nur rum mit ganz dünnen Sachen und man hat keinen Spaß
man braucht ein Zuhause, weil das ist es ganz warm
man braucht ein Zuhause, weil man sonst im Winter eiskalt wird und man mit niemandem spielen kann
das Baby könnte man ja auch ins Zelt mitnehmen
(Kommentar: Zuhause als Symbol von „Wärme" und „Geborgenheit", jedoch nicht unbedingt an ein Haus gebunden)
Wäre ein Zelt denn auch ein Zuhause?
ja, weil man da sich wärmer fühlt
weil man vor dem Zelt ein Lagefeuer machen kann
und weil man in dem Lagerfeuer Würstchen grillen kann – dann ist es ein Zuhause, wenn man Würstchen grillen kann? -ja
wenn man kein Zuhause hat, dann kann man ja auch mal Durst haben
wenn das Baby mal Durst hat, trinkt es Regenwasser
Ist ein Zelt ein Zuhause?
nein, weil da kein Feuerstein ist
Letzte Frage: Stellt Euch mal einen Baum vor (Baum wird gestellt; Standbild). Hat ein Baum ein Zuhause?
Nein (Mehrheit)
Warum hat der Baum kein Zuhause?
Ich meinte ja, dass er ein Zuhause hat – das Hohle
der Baum hat kein Zuhause, weil er viel zu groß ist, dann wächst er durch das Zuhause
der Baum hat ein Zuhause, weil eine Schale drum rum hat, innen drin ist sein Zuhause
weil der Baum kein Zuhause, weil der immer im Regen steht
der hat ein Zuhause, weil die Rinde drum rum ist
der Baum wächst ja in der Erde, aber der kann auch gar nicht laufen
(Kommentar: Wieder eine Sammlung von Merkmalen zum Begriff)

Hat ein Stein ein Zuhause? *3 ja*
Hat ein Auto ein Zuhause? *7 ja*
Hat die Sonne ein Zuhause? *2 ja*
Hat der Wind ein Zuhause? *0 ja*
Hat die Zeit ein Zuhause? *1 ja* (die Uhr)

Auswertung der Gespräche über „Zuhause“

Philosophieren wurde in diesen Gesprächen überwiegend verstanden als die Fähigkeit, gute Gründe für etwas durch eigenes Nachdenken finden, das eigene Vorstellungsleben auf den Begriff zu bringen und erste Versuche einer Begriffsklärung vorzunehmen. Insgesamt also geht es um den Weg von der Anschauung zum Begriff unter Beachtung ihres dialektischen Verhältnisses zueinander (Immanuel Kant). Methodisch kamen vornehmlich die „Fünf Finger einer Methodenhand des Philosophierens“ nach Ekkehard Martens (Martens 1990) zur Anwendung, als da sind:

- Phänomenologie (beobachtendes Beschreiben)
- Hermeneutik (Deuten von Deutungen)
- Spekulation (Fantasie, Kreativität)
- Analyse (Zergliedern und Zusammenfügen von Sachverhalten)
- Dialektik (Denken in Gegensätzen und Widersprüchen).

Die Kinder offenbaren ein Verständnis von „Zuhause“, das materiell-technische, soziale und emotionale Komponenten aufweist. Gleichzeitig werden Prozesse des Denkens in Metaphern sichtbar, indem Formen bildhaft-symbolischen Denkens mit kognitiv-sprachlichen Formen verbunden werden.

In der kindlichen Metaphorik taucht immer wieder die Symbolisierung des Begriffs „Zuhause“ in Gestalt von „Geborgenheit, einen (festen) Platz haben und des „Sosein-Könnens“ (in Gestalt verschiedener Tätigkeiten) auf. Für Gerd E. Schäfer zeigt sich kindliche Bildung vom Standpunkt der Komplexität her „als ein vielperspektivisches Zusammenspiel von Ereignissen der individuellen, inneren Welt sowie Prozessen der sozial geprägten und objektivierbar gemachten, äußeren Welt (...). Der Prozess der komplexen Verbindung von innerer und äußerer Welt wird als Symbolisierungsprozess begriffen und beschrieben (...)“. (Schäfer 2005) Dem bildhaften Denken und der Metaphern-Sprache sind wichtige Funktionen in diesem Symbolisierungsprozess zuzuschreiben.

Bei den Kindern dominiert die vergegenständlichte Anschauung des Begriffs „Zuhause". Das widerspiegelt sich auch in der Häufigkeit der anwendbaren Methoden. Neben der beobachtenden Beschreibung (Phänomenologie) kommen insbesondere die Spekulation in Gestalt von Gedankenexperimenten, das nicht-wertende Vergleichen als die zentrale Technik des Philosophierens und in einem gewissen Abstand zur Häufigkeit dieser Methoden die Analyse, das Deuten und die Dialektik. Das entspricht dem Entwicklungstand kindlichen Denkens in dieser Altersstufe. Die kindlichen Aktivitäten in den Gesprächen bewegten sich überwiegend auf der Ebene des Versuchs, das eigene Vorstellungsleben auf den Begriff zu bringen. Gelegentlich fanden die Kinder auch gute Gründe für etwas durch eigenes Nachdenken. Eher selten beschritten sie Wege der Begriffsklärung, was auf dieser Altersstufe, außer bei Kindern mit besonderen Begabungen, auch nicht zu erwarten ist.

Bemerkenswert erscheinen auch die Ergebnisse jener Gesprächsteile, bei denen über die Bedeutung (Fee-Fragen) und einem „Minimal-Konstrukt" für die Metapher „Zuhause" nachgedacht wurde: Für die Kinder stehen „Geborgenheit" (zahlreiche Synonyme) und „einen Platz haben" an der Spitze. Die sozialen Komponenten des Begriffs (Eltern, Geschwister) werden nur am Rande angesprochen. Möglicherweise ist sie den Kindern in einem anderen Kontext (z. B. Familie) selbstverständlich und bedurfte deshalb keiner besonderen Erwähnung.

Die Kinder zeigen an verschiedenen Stellen so etwas wie ein Grundbedürfnis in ihrer konkreten Vorstellung von „Zuhause", das an manchen Stellen geradezu spartanisch anmutet. Es stellt sich die Frage nach der Entstehung (und der kritischen Reflexion) von Bedürfnissen, die weit über das „Grundbedürfnis" hinausreichen. Die zentrale philosophische Frage „Wie wollen wir leben?", übersetzt in kindliches Denken hieße: „Wie sähe mein Zuhause aus, wenn ich es bestimmen könnte?"

Wie kommt es, so stellt sich die Frage am Schluss, dass bei Kindern im Laufe ihres Lebens ein Bild von „Zuhause" auch als Symbol für ein „gutes Leben" entsteht, dass weit über die ursprüngliche Erkenntnis von dem, was wirklich gebraucht wird, hinausreicht?

Alle kennen die Mechanismen einer „Wachstumsgesellschaft", die diese Prozesse auslösen und beschleunigen. Lebenskultur erfahren Kinder vorwiegend durch Gewöhnung. Dem steht als Alternative die Möglichkeit gegenüber, sich Kultur auf reflexive Weise anzueignen, durch Fragen, Hinterfragen, Weiterfragen – eben durch Philosophieren als die Fähigkeit, in Möglichkeiten und in Optionen zu denken. Kinder sind dafür offen. Erwachsene, insbesondere Pädagogen tragen die Verantwortung dafür, dass Kindern die Chance geboten wird, diese Möglichkeiten zu erproben.

Nachhaltigkeit als Handlungsoption lässt sich nicht verordnen, nur bedingt vermitteln, wohl aber durch „selber denken" als eine Art „kategorischer Imperativ" verstehen.

Literatur

Antje Damm, Frag mich, Frankfurt 2002

Immanuel Kant, Kritik der reinen Vernunft, Paderborn 2005

Ekkehard Martens, Sich im Denken orientieren, Hannover 1990

Gerd Schäfer, Aufgaben frühkindlicher Bildung. In: Schäfer, Gerd, Bildung beginnt mit der Geburt. Ein offener Bildungsplan für Kindertageseinrichtungen in Nordrhein-Westfalen. Weinheim, Basel 2005

„Die Welt der Steine“

oder „Kennen wir die Welt?“

„Jetzt kenne ich die Welt“,
schnaufte die Raupe,
„ich habe mich durch die Birne gefressen.“
„Nein, ich kenne die Welt“, zirpte
die Grille, „ich bin durch den Zwölfminutenwald gesprungen.“
Holger klappe das Buch zu und sagte:
„Ich kenne das Buch.“
(Franz Zauleck, Im Zwölfminutenwald. Leipzig 2002)

Diese wenigen Zeilen reichen aus, mit Kindern über ein Thema zu philosophieren, das sie ihr Leben lang begleiten wird: „Welt“.

Wir leben jede Sekunde in ihr, aber wissen wir, was wir und andere mit diesem Begriff meinen, wenn wir ihn verwenden? Selbstreflexion gehört zu den wesentlichen Elementen des Philosophierens mit Kindern und indem wir gemeinsam über das augenscheinlich Selbstverständliche nachdenken, verliert es seinen oberflächlichen Charakter und es schlägt die Stunde der Philosophie (vgl. Hegel).

Mit der schlichten, nicht nur bei Kindern durchaus beliebten Frage „Wer von den Dreien hat Recht?“ gelingt fast regelmäßig ein Einstieg in Gestalt von Kinderantworten, die das Material für eine vertiefende Fortsetzung eines Gesprächs liefert, das versucht, der Frage, „Was ist eigentlich ‚die Welt‘?“ auf den Grund zu gehen.

Die häufigste Antwort lautet: „Alle drei!“ Das unvermeidlich folgende „Warum?“ gibt den Kindern Gelegenheit, erste Vermutungen über den Charakter von „Welt“ anzustellen. „Weil jeder seine eigene Welt hat“ ist eine oft zu vernehmende Rückmeldung. „Wir auch?“ Die knappe Rückfrage ermuntert die Kinder, „ihre

Welten" darzustellen. Dabei favorisieren Jungen eindeutig die „Welt des Fußballs", bei Mädchen liegt die „Welt der Pferde" mitunter an der Spitze.

Die Gründe, die genannt werden, warum zum Beispiel Fußball „meine Welt" sein könnte, sind vielfältig. Sie reichen von der Zeit, die damit verbracht wird, über das eigene Leistungsvermögen und die soziale Anerkennung bis hin zur Entwicklung von Freundschaftsbeziehungen.

Was aber hat „meine Welt" mit „der Welt" zu tun, wie unterscheiden sich diese beiden Welten, was haben sie gemeinsam? Ist die Summe der „persönlichen Welten" etwa „die Welt"? Gibt es „die Welt" überhaupt, und wenn ja, kann man sie tatsächlich „kennen"?

Zur Veranschaulichung der Fragestellung, eingeleitet mit der Ansage „Ich habe euch die Welt mitgebracht!" (Staunen), wird auf dem Tisch ein Beutel entleert, der die unterschiedlichsten Dinge enthält.

Die Kinder verweisen ohne lange Vorrede auf die Dinge, die ihnen in der Sammlung fehlen, ihrer Meinung nach aber unzweifelhaft zur Welt gehören. Es entstehen höchst unterschiedliche „Welt"-Bilder, die wiederum weitere Debatten über das Wesen dieses Begriffs auslösen.

Als Rückgriff auf die vorhergehende Diskussion erhalten dazu bereite Kinder den Auftrag, maximal sechs Gegenstände auszuwählen und vor sich zu platzieren, die unabdingbar zu „ihrer Welt" gehören. Auch dabei geschieht zum Teil Erstaunliches, zum Beispiel wenn tatsächlich nur Dinge oder Tierfiguren, nicht jedoch Menschen zusammengelegt werden.

„Welt" offenbart verschiedene Erscheinungsformen im Bewusstsein der Kinder, eine Feststellung, die auf Erwachsene gleichermaßen zutreffen dürfte.

An dieser Stelle im Gesprächsverlauf entsteht die Frage nach einem nächsten, weiterführenden Impuls. Das Wort „kennen" im Eingangstext bietet dafür eine Möglichkeit. „Kann man ‚die Welt' kennen und was müsste man dafür tun?" lautet daher eine nächste Frage. Umfassende Reisetätigkeit, wissenschaftliche Erkundungen, wobei das Internet eine wesentliche Rolle spielt, Literatur vornehmlich in Gestalt von Lexika werden genannt und dennoch bleiben Zweifel, ob jemand die Welt „kennen" kann. Ein Mädchen erstaunt die Runde mit einem philosophischen „Highlight", das in fast jedem Gespräch auftaucht: „Schaut mal aus dem Fenster, seht ihr die Blume da?" Als alle nicken, setzt das Kind fort. „Glaubt ihr, dass die Morgen noch genauso aussieht?" Die meisten Anwesenden verneinen. Darauf wiederum das Mädchen: „Wenn sich aber alles verändert in der Welt, wie will man dann die Welt kennen?"

Mit dieser Aussage erwächst plötzlich eine Thematik, deren Unvorhersehbarkeit den Reiz eines jeden, nachdenklich-philosophischen Gesprächs ausmacht.

Ein zweiter Beutelinhalt verteilt sich auf dem Tisch, dieses Mal handelt es sich um eine kleine Steine-Sammlung.

Ob es sich dabei auch um „eine Welt" handelt, ist für die Kinder keine Frage – die „Welt der Steine" selbstverständlich! Als ob nunmehr eine Schleuse geöffnet wurde, sprudelt es aus den Kindern heraus: Es gäbe ja auch die Welt der Pflanzen, der Tiere, der Bilder, etc. bis hin zu ersten Abstraktionen wie der „Welt der Gedanken".

In der abschließenden Reflexion einigen sich die Kinder darauf, dass es „die Welt" wohl nicht gäbe, aber dafür zahlreiche Welten, in denen sich das Universum widerspiegelt. Der vermeintliche Widerspruch wurde geschickt aufgehoben, indem ein neuer Begriff eingeführt und damit die Tür für eine weitere Diskussionsrunde aufgestoßen wurde: Ist das Universum „die Welt" oder etwas anderes, was unterscheidet beide voneinander, wo befinden sich eventuelle Gemeinsamkeiten?

Die Behauptung zahlreicher Philosophen, wonach Philosophieren als ein unabschließbarer Prozess, als eine immerwährende Deutung von Deutungen erscheint, findet an dieser Stelle ihre Bestätigung.

Das könnte Schule machen

Mit Kindern über „Schule“ philosophieren

Zwecke und Werte

Bei der Frage, was man mit Steinen alles machen könne, kommt selbstverständlich als häufige Antwort: Bauen! Recht schnell bemerken die Kinder, dass bauen nicht gleich bauen ist, sondern dass es darauf ankommt, was wir bauen – ein Krankenhaus, ein Gefängnis, ein Wohnhaus oder eben eine Schule. Etwas bauen bedeutet also nicht grundsätzlich, Gutes zu tun, sondern es kommt auf den Zweck an.

Die Hierarchie der Zwecke ist ein formales Verhältnis. Jeder Zweck kann ein Mittel für einen übergeordneten Zweck werden. Für den Maurer ist die Errichtung des Hauses der Zweck – für den Bauherrn kann das Haus als Eigenwohnung oder als Vermietungsobjekt Bedeutung haben. Zwecke sind noch keine Werte, sie erhalten ihren Wert durch ihre Bedeutung. Das Gebäude als Haus für obdachlose Kinder ist ein Wert, als Baracke für ein KZ ist es ein Unwert. Werte sind das, was sie sind, im Hinblick auf einen Sinn, zu dessen Verwirklichung sie beitragen.

Tatsächlich gibt es Kinder, die im Gespräch die Schule nicht mit Gutem assoziieren. So formulierte der zehnjährige Sohn einer Amtsrichterin in einem Philosophier-Club wörtlich: „Schule ist ein Ort des institutionellen Zwanges und der Gehirnwäsche!“ Die zeitweilige Sprachlosigkeit des Moderators erscheint angesichts dieser Aussage verständlich…

Überdies machte die Diskussion über „PISA“ einen großen Bogen um die Ansichten derjenigen, die täglich unser Schul- und Bildungssystem buchstäblich erfahren: Schülerinnen und Schüler.

Drückt sich darin etwa jene grundsätzliche Haltung aus, Kinder und Jugendliche als Objekte des Bildungs- und Ausbildungsprozesses zu begreifen? Wie sähe es aus, wenn ihnen zugeständen würde, als denkende Subjekte über Schule und Unterricht zu reflektieren?

Der Versuch, einen philosophischen Zugang zum Thema „Schule“ zu finden, auf den Stufen einer philosophischen Denkbewegung voranzuschreiten und dabei möglichst viele Schülerinnen und Schüler eines 2. Schuljahres mitzunehmen, hat eine Unterrichtseinheit entstehen lassen, die als Anregung und „Steinbruch“ zum „Selbermachen“ dienen mag.

Zum Einstieg steht den Kindern (15 Mädchen/14 Jungen) ein Bild zur Verfügung, das kommentarlos per Overheadprojektor veröffentlicht wird (der Text wird vorher unkenntlich gemacht, überklebt o.ä.):

Aus: Franz Zauleck, Im Zwölfminutenwald, Leipzig 2001, 2. April, Freitag

Auf das stumme Betrachten folgen spontane Äußerungen mit Vermutungscharakter, anschließend schreiben alle ein „Elfchen“ nach diesem Gerüst:

Zeile: Ein „Wiewort“, das das Bild charakterisiert
Zeile: Zwei Nomen, die Hauptfiguren betiteln
Zeile: Drei Wörter, die eine Tätigkeit einer der Personen beschreiben
Zeile: Ein ganzer Satz mit vier Wörtern, der mit „Ich“ beginnt
Zeile: Ein „Wiewort“, das den Gesamteindruck (Gefühl, etc.) widerspiegelt.

Zur Illustration zwei Beispiele von einer Lehrerfortbildung aus Düsseldorf, die von Kolleginnen verfasst wurden:

Clever.
Schüler. Vögel.
Lehren. Schummeln. Ärgern.
Ich lerne ohne Lehrer.
Mulmig.

Festgefahren.
Macht. Ohnmacht.
Stillgestanden. Mund halten.
Ich klettere nach oben.
Trotzdem!

Auf der Grundlage ihrer „Elfchen" verfassen die Kinder eine kurze Bildgeschichte.

Nach diesem bilddidaktischen Einstieg begegneten die Kinder den dazugehörigen Texten durch Vorlesen:

Engel
„Da hilft kein Üben", sagte der
Engel mit einem Flügel,
„ich kann nicht fliegen."
„Ich werde Ihnen einen zweiten
Flügel aus Papier bauen",
sagte Dörte, „dann sehen
wir weiter."

Doof
Der schlaue Lulatsch fragte: „Wieviel ist 1 + 1?"
Der doofe Lulatsch sah besorgt aus. „Weißt du es?"
„Ja, ich weiß es", antwortete der schlaue Lulatsch.
Der doofe Lulatsch lachte:
„Dann bin ich beruhigt."
(Franz Zauleck, a. a. O., Seite 68/69)

Je nach Zeit und Lust können zu beiden Texten situative Rollenbefragungen des Engels bzw. der beiden Lulatsche durchgeführt werden.

Nachdem die Kinder wahrgenommen hatten, dass es sich um das Thema „Schule" handelt, wurde eine „Sprechmühle" inszeniert, bei der die Kinder abwechselnd auf die Fragen „Was gefällt dir an Schule", „Was gefällt dir nicht an

Schule" antworten. Es wird keine Auswertung vorgenommen, die Lehrkraft erfährt nicht, worüber die Kinder sich unterhalten haben.

Die Sprechmühle

Die „Sprechmühle" aus dem Repertoire des handlungsorientierten Unterrichts gibt den Lernenden auf besondere Weise Gelegenheit, ihre Vorstellungen, Erfahrungen, Meinungen und Gefühle über Sachverhalte einbringen zu können, die auf eigene und individuelle Lebensgestaltung zurück zu führen sind.
Mit der „Sprechmühle" üben die Beteiligten vor allem das Zuhören in Kurzdialogen:
Die Schülerinnen bewegen sich zu geeigneter Musik im Klassenraum. Sobald die Musik aussetzt, beginnen alle ein Gespräch mit dem jeweils am nächsten stehenden Teilnehmer, wobei die Lehrkraft das Thema vorgibt und bestimmt, wer das Gespräch beginnt:
Beispiel für eine Gesprächsvorgabe: „Erzählt euch bitte, was eurer Meinung nach alles zur Natur gehört und was nicht und welche Gründe ihr für eure Auffassungen findet."
Während die erste Schülerin spricht, darf die andere nur zuhören. Nach einem kurzen Musikintermezzo ist das andere Kind an der Reihe. Setzt die Musik wieder ein, bewegen sich die Schülerinnen erneut.
Die „Sprechmühle" beschränkt die Rolle der Lehrkraft auf das Organisieren und Moderieren der Kurzdialoge. Über den Inhalt erfährt sie nichts, Kommentierungen und Bewertungen finden demzufolge nicht statt.

Danach wird das Thema wieder aufgenommen. Die Kinder fertigen eine „Mindmap" zum Begriff „Schule" an und stellen diese im Stuhlkreis vor.

Der Schüler Johannes bestreitet im Gespräch bei der Vorstellung der Mindmaps, dass **Kinder** die Schule besuchen. Er behauptet stattdessen, dass nur **Schülerinnen und Schüler** eine Schule besuchen. Daraus entwickelt sich die Frage, ob Menschen, die eine Schule besuchen, Kinder oder Schülerinnen und Schüler seien?

Warum diese Frage? Sie ermöglicht Nachdenken darüber, welche Besonderheiten SchülerInnen aufweisen, die sie vom Menschen an sich unterscheiden, aber auch, wie viel „Menschliches" den SchülerInnen erhalten bleibt oder ihnen verloren geht.

Eine kleine Auswahl von Antworten:

> Babys und ältere Kinder besuchen keine Schule, deshalb hat Johannes Recht.
> In der Schule sind wir Schüler, zu Hause nicht.
> Es gibt eigentlich keinen Unterschied zwischen Schülern und Kindern.
> Im Klassenzimmer sind wir Schüler, in der Pause aber nicht.
> Wir sind Kinder und Schülerinnen zugleich.
> Da wir irgendwann nicht mehr Kinder sind, aber trotzdem Schüler sein können, gibt es einen Unterschied.
> Wenn wir zu Hause Hausaufgaben machen, sind wir auch Schüler.
> In der Schule bestimmen die Lehrer, zu Hause die Eltern, es gibt also doch keinen Unterschied zwischen Kindern und Schülern.

Die nachfolgende Impulsfrage greift den grundlegenden Gedanken noch einmal auf: Was ist eigentlich das Besondere an Schülerinnen, das sie von Kindern unterscheidet? Einige, ausgewählte Antwortbeispiele:

> Sie werden eingeschult.
> Sie müssen lernen.
> Sie wollen gut sein.
> Sie müssen aufpassen.
> Sie müssen das tun, was die Lehrerin sagt.
> Ein Schüler kann auch nichts lernen, bleibt dann zwar dumm, aber ist trotzdem Schüler.
> Auch wenn Schüler nicht aufpassen, sind sie Schüler.
> Sie haben jeden Tag Unterricht.
> Sie müssen Hausaufgaben machen.

Wie weit prägt das Selbstverständnis dieser Kinder Schule als Institution oder die Tätigkeit innerhalb dieser Institution? Auch die Lehrkraft kommt nicht umhin, sich gedanklich am Diskurs zu beteiligen.

An dieser Stelle kann es sinnvoll sein, der Klasse Gelegenheit zur reflexiven Bewertung ihrer Rolle in der Schule zu ermöglichen:

Wie werden wir in der Schule behandelt?

Die Auswahl der Antworten zeigt an, dass die Kinder unterschiedlich auf die Fragestellung zugreifen und demzufolge auch unterschiedlich reagieren:

> Schülerinnen und Schüler lernen, richtige Kinder müssen nicht so viel lernen.
> Im Kindergarten wird man wie ein Kind behandelt. Dort werden auch nur einfache Sachen gemacht.
> Als Kind spielt und bastelt man, als Sch. lernt man.
> Kinder spielen mit Spielzeug, Sch. nicht .
> Wir werden teils als Sch., teils als Kinder behandelt.
> Wir werden eher als Erwachsene behandelt, besonders im Forderunterricht (spezielles Kursprogramm der „Verlässlichen Grundschule Hössenschule"; Anm. des Verf.)
> Wenn wir anderen Kindern helfen, werden wir auch eher wie Erwachsene behandelt.
> In der Schule werden wir nie als Erwachsene behandelt, eher zu Hause, zum Beispiel wenn ich länger aufbleiben darf.
> Wer zu entscheiden hat, wird wie ein Erwachsener behandelt.
> Im Stuhlkreis werden wir oft wie Erwachsene behandelt, da müssen wir überlegen und stillsitzen.
> Wenn ich anderen Kindern etwas erklären soll, werde ich wie eine Erwachsene behandelt.
> Wenn ich Chefin in der Gruppe bin, werde ich wie eine Erwachsene behandelt.
> Wenn ich Kuchen backen und kochen darf, werde ich wie eine Erwachsene behandelt; in der Schule nicht.
> Ab 4. Klasse werde ich eher wie eine Schülerin behandelt, vorher wie ein Kind.
> In der Betreuung (soziales Betreuungsprogramm der Verlässlichen Grundschulen auf freiwilliger Basis; Anm. d. Verf.) werde ich oft wie ein Kind behandelt.
> Wenn Papa mich gegen meinen Willen auf den Arm nimmt, werde ich wie ein kleines Kind behandelt.
> Wenn ich weine, werde ich wie ein Kind behandelt.

Nachdem das Vorstellungs- und Gedankenleben der Kinder ausreichend entwickelt, die erste Stufe einer philosophischen Denkbewegung betreten wurde, kommt es jetzt darauf an, das Gespräch als philosophischen Diskurs zu gestalten.

Dies geschieht zum Beispiel durch Hinterfragen, Klärung von Begriffen, Klassifizieren und Kategorisieren. Denkweisen werden herausgehoben und erprobt.

Wir beginnen damit, die Institution Schule als Lernmonopol, als einzigen Ort des Lernens zu hinterfragen: Kann man nur in der Schule etwas lernen? Was konntet ihr schon, bevor ihr eingeschult wurdet?

Die Auswahl an Antworten:

> Laufen, reden, ein bisschen rechnen, Fahrrad fahren, sprechen, spielen, trinken, rennen, lesen, schreiben, freuen, hören, schwimmen, hinfallen, schlafen, Uhr ablesen, Fernsehen gucken, etwas in die Hand nehmen, Gameboy spielen, essen, putzen, Staub saugen, Haare bürsten, waschen, faulenzen, tanzen, singen, reiten, jemanden verprügeln, heulen.

Nicht zuletzt, um Arbeits- und Sozialmethoden zu wechseln, aber auch, um einen zusätzlichen thematischen Aspekt einzuführen, wird der Text „Altes" (a. a. O., Seite 72) präsentiert:

> „Wie geht's in der Schule?",
> fragte Roselinde Tilia Cordata.
> Anton brummte: „Immer dasselbe!"
> „Aber du lernst doch jeden Tag
> etwas Neues!", sagte Roselinde.
> „Zur Abwechslung würde ich gern
> mal etwas Altes lernen!",
> stöhnte Anton.

Daran schließt sich eine Impulsfrage an, die auf Reflexion des Unterrichtsalltags und Lernwünsche abzielt:

> Lernt ihr in der Schule jeden Tag etwas Neues? Würdet ihr lieber öfter etwas Altes lernen? Was ist neu, was ist alt?

Mit dem Text auf „Schlumme" (a. a. O., Seite 75) wird ein vermeintlicher oder tatsächlicher Widerspruch im schulischen Lernen aufgedeckt:

> „Ich brauche keine guten Diktate",
> sagte Anton. „Ich bin Erfinder."
> „Was erfindest du?", fragte Dörte.
> „Heute erfinde ich eine Schlumme."
> „Eine richtige Schlumme?"

Dörte staunte: „Ist das nicht schwer?"
„Eigentlich ganz einfach. Wichtig ist,
dass nie der Temmel vor dem Seller
angeknolzt werden darf, sondern erst
die Zwille an den Streibeln verlürmt
wird. Dann nur noch die Prolle an die
Schneffe anröffeln und fertig
Ist die Schlumme."
„Eigentlich ganz einfach", sagte Dörte.

Kann man in der Schule auch etwas erfinden wie Anton zum Beispiel seine „Schlumme"? Ist das gut, wenn man in der Schule etwas erfindet?

Die Kinder tun sich bei der Beantwortung dieser Impulsfrage recht schwer. Entsprechend dürftig fallen die Antworten aus: *Spiele, bei Experimenten, Geschichten, eine Bande (Gang), Gedanken, Bilder, sonst eigentlich nichts. Für Erfindungen ist keine Zeit, gehört nicht zur Schule, machen andere, gibt keine guten Zensuren, andere Dinge sind wichtiger.*

Bevor die Kinder eine gemeinsame Klärung des Begriffs „Schule" versuchen, lassen sich noch zwei Elemente in die Vorbereitung auf diesen Schritt integrieren: Zum einen eine Abstimmung über die Frage, wer lieber jeden Tag etwas Neues lernen möchte und wer lieber öfter etwas Altes?

Zum andern ein weiteres Nachdenken über den Schulalltag, ausgelöst durch den Text „Montag" (a. a. O., Seite 72), verbunden mit der Nachfrage: Was ist euer liebster Wochentag?

„Der schlimmste Tag ist
der Sonnabend", sagte Holger.
Dörte zog die Nase kraus.
„Auf den Sonnabend folgt
der Sonntag. Das ist doch schön!"
„Was folgt auf den Sonntag?",
fragte Holger.
„Der Montag", antwortete Dörte.
„Na also!"

Da es sich um eine Frage handelt, die für das Philosophieren gefährliche „Einwortantworten" geradezu provoziert, bedarf es der eindringlichen Aufforderung durch die Lehrkraft, in jedem Falle Gründe zu nennen (diese Bereitschaft ist generell Voraussetzung für das Philosophieren im Gespräch).

Die ausführlichen Erkundungsgespräche zum Thema „Schule“ haben genügend Gedankenmaterial geliefert, um allen Kindern eine Aussage zur Frage „Was ist eigentlich Schule?“ abzufordern. Kindgemäß kann das durch die auf einem Zettel schriftlich zu beantwortenden Fragen „Was hat jede Schule? Was gibt es in jeder Schule? Was ist jede Schule?“ geschehen.

Die Klasse 2a antwortet mit 37(?) „Unikaten“:

In jeder Schule wird geschrieben.
In jeder Schule gibt es Mathematik.
In jeder Schule lernt man irgendetwas.
In jeder Schule wird gesprochen.
In jeder Schule gibt es Fenster.
Jede Schule hat einen Platz.
Jede Schule ist ein Haus.
Jede Schule hat einen Namen.
Jede Schule hat eine Pause.
Jede Schule hat ein Klo.
Jede Schule hat Lehrer/Lehrerinnen und Schüler/Schülerinnen.
In jeder Schulstunde/Schule macht man etwas.
In jeder Schule muss man aufräumen.
In jeder Schule ist es manchmal lustig und manchmal nicht lustig.
In jeder Schule gibt es einen Direktor.
In jeder Schule gibt es Regeln.
Jede Schule ist aus Stein.
Jede Schule hat irgendwelche Dinge. Jede Schule hat eine Tafel.
Jede Schule hat Stühle.
Jede Schule hat Türen
Jede Schule hat einen Hausmeister.
Jede Schule hat Schreibtische.
Jede Schule hat Fußböden.
Jede Schule hat Klassen.
Jede Schule hat ein Dach.
Jede Schule hat Mauern.
Jede Schule hat Wände.
Jede Schule hat Anfangszeiten und Schlusszeiten.
Jede Schule hat etwas, was andere Schulen nicht haben.
Jede Schule hat einen Schulhof.
Jede Schule hat eine Turnhalle.

Jede Schule hat mindestens einen Raum.
In jeder Schule macht man irgendetwas.
Jede Schule hat Unterricht.
Jede Schule hat einen Spielplatz.

Mit der Herstellung dieses Arbeitsblattes durch die Lehrkraft, bei dem lediglich Mehrfachnennungen der Kinder gestrichen wurden, wird nun der Prozess des „Eindampfens" eingeleitet.

Alle Äußerungen werden nach den Kriterien „Ist das wirklich immer und bei allen so?" überprüft und bestätigt oder in gemeinsamer Entscheidung aus der Liste gestrichen. Dabei lehnen wir uns an ein Verfahren an, das als „Sokratisches Gespräch" bekannt geworden ist. Die Klasse hat sich auf diese Merkmale von Schule im Sinne von Begriffsklärung geeinigt:

In jeder Schule lernt man irgendetwas.
Jede Schule hat einen Platz.
Jede Schule hat einen Namen (Namen im Sinne des Begriffs „Schule").
Jede Schule hat Lehrerinnen/Lehrer und Schülerinnen/Schüler.
Jede Schule hat eine Pause (mehrheitlich).
Jede Schule hat einen (Fuß-)boden.
Jede Schule hat Klassen (nicht ausschließlich im räumlichen Sinne gemeint).
In jeder Schule ist es manchmal lustig und manchmal nicht lustig (vereinzelter Widerspruch).
Jede Schule hat Anfangs- und Schlusszeiten.
Jede Schule hat etwas, was andere Schulen nicht haben.
Jede Schule hat Unterricht.
Jede Schule hat einen Direktor und eine Direktorin.
In jeder Schule muss man aufräumen (mehrheitlich).
In jeder Schule ist Licht.
In jeder Schule ist Luft.
In jeder Schule gibt es Regeln.
Jede Schule hat irgendwelche Dinge.

Nunmehr scheint die Zeit reif, eine wesentliche Frage für den Fortgang eines philosophischen Gesprächs einzubringen: Könnte es auch anders sein? Diese wird vorbereitet durch erneutes Hinterfragen eines bekannten Konzepts:

Warum gibt es überhaupt Schule? Die Sinnfrage wird eingebracht!

Antworten der Klasse:

Um zu lernen.
Weil es eine Schulpflicht gibt.
Damit wir als Erwachsene schlauer sind.
Um lesen, schreiben, rechnen und Mathematik zu lernen.
Damit ich als Mutter oder Vater meinen Kindern wieder etwas beibringen kann und die nicht denken, dass ihre Eltern blöd sind.
Dumm bleiben wäre nicht gut.
Ohne Schule könnte ich keine Briefe schreiben, das wäre schlecht.
Im Beruf ist zum Beispiel rechnen notwendig, das weiß ich von meiner Mutter.
In der Schule kann ich rechnen und Musik lernen.
Damit ich einen guten Beruf bekomme.
Damit ich im Beruf gut sein kann.

Auf diese Weise ist das Nachdenken über mögliche Alternativen herausgefordert: Ginge es auch ohne Schule?

Man könnte sich einen Hauslehrer anstellen.
Die Eltern könnten einem etwas beibringen.
Man könnte zur Nachhilfe gehen.
Man könnte sich alles selbst beibringen.
Ältere Geschwister könnte einem alles beibringen

Die Nachfrage „Wie wäre es euch lieber?" veranlasst die Kinder, bevorzugte Lösungen zu markieren. Es besteht die Chance, im weiteren Verlaufe der Unterrichtseinheit Konsens fest zu stellen oder Dissens zu bestätigen. Die Konsequenzen werden durchdacht.

Es geht nicht ohne Schule, denn dort lernt man mehr.
Zu Hause lernen wäre günstiger, denn dann bräuchte ich morgens nicht so früh aufstehen.
Da ich immer früh aufstehe, wäre das für mich kein Unterschied.
Lieber in der Schule lernen als zu Hause, da ist es nicht so schön und außerdem gibt es da nicht so viele Kinder wie in der Schule.

In der Schule kann man Hilfe durch Freunde erhalten, zu Hause nicht.

In der Schule kann man die Lehrer fragen, wenn man etwas nicht weiß, zu Hause nicht.

Zu Haus wäre günstiger, da müsste ich nicht so früh aufstehen und könnte selber entscheiden, wann ich lernen will und wann nicht.

Ich würde gern selber entscheiden, wann ich zu Haus und wann ich in der Schule lernen will.

Zu Hause wäre besser, da könnte ich zwischendurch Fernsehen gucken und am Computer spielen.

Am besten wäre es, wenn man von Geburt an alles im Kopf hätte, dann bräuchte man die Schule nicht.

Ohne Schule könnte man sich nicht auf den Beruf vorbereiten. Manches, was wir in der Schule machen, ist in der Arbeit auch so.

Zu Hause wäre besser, da gäbe es dann keine Hausaufgaben.

Das Wesen der Schule herauszuarbeiten gelingt sicherlich am besten mit der bedeutendsten Methode des Philosophierens, dem nicht-wertenden Vergleichen.

Bekanntlich ist die Grundschule, die diese Kinder mindestens vier Jahre erleben, nicht die einzige Schulform, von der sie etwas wissen. Deshalb wird mit Hilfe eines Textes noch einmal auf ihr Erfahrungswissen als Grundlage für die Fortsetzung des Gesprächs zurückgegriffen.

Vier Schulen

„Osterhase ist auch ein schöner Beruf“, sagte Frau Knösel.
„Was so einfach aussieht, ist schwer erarbeitet“, erklärte
der Hase. „Ich habe vier Schulen besucht: Eiermalschule,
Eiertransportschule, Eierversteckschule und
eine Gitarrenschule.“
„Eine Gitarrenschule?“, fragte Frau Knösel.
„Es ist wissenschaftlich erwiesen,
dass Hühner bei Gitarrenmusik
schönere Eier legen“,
sagte der Hase.
(a. a. O., Seite 70)

An die Textpräsentation schließt sich die Frage an: Welche Schulen kennt ihr?

Hundeschule, Clownschule, Weihnachtsmannschule, Musikschule, Fahrschule, Zirkusschule, Baumschule, Zauberschule, Berufsschule, Gymnasien, Hauptschule, Realschule, Sonderschule, Männerschule, Lehrerschule, Erfinderschule.

Die Kinder beschreiben, was in den einzelnen Schulen gelernt werden kann. An der Frage, wer was in einer Baumschule lernt, entzündet sich eine Debatte:

In der Baumschule lernen nicht die Bäume, sondern die Menschen.
Zum Beispiel Bäume pflanzen, Bäume pflegen, Bäume züchten.
Bäume wachsen von allein, das müssen sie nicht lernen.
Bäume wachsen nicht immer allein, sie brauchen Hilfe, zum Beispiel Wasser oder Sonne.
Bäume können nicht reden, deshalb können sie auch nichts lernen!

Im Gespräch weisen mehrere Kinder darauf hin, dass fast alle diese Schulen freiwillig besucht werden können, sie aber zum Schulbesuch verpflichtet sind. Das Gespräch gewinnt damit eine zusätzliche, ethische Dimension, die es mit einer Frage in Richtung auf persönlicher Reflexion und Handlungsorientierung zu lenken gilt:

Was haltet ihr davon, wenn ihr selbst entscheiden könntet, ob ihr zur Schule gehen wollt oder nicht, unabhängig von euren Eltern oder von den Lehrerinnen? Was würde sich ändern?

Ich würde trotzdem fast immer hingehen, weil ich ja etwas lernen will.
Ich habe Lust auf Schule, deshalb würde ich immer hingehen. Manchmal würde ich auch zu Hause lernen wollen.
Mir wäre es lieb, wenn ich entscheiden könnte, zu welchen Unterrichtsstunden am Tag ich kommen will und zu welchen nicht.
Ich würde gern zwei Wochen mit Wochenenden zur Schule kommen und dann eine Pause machen. Manchmal habe ich auch am Wochenende Lust auf Schule, dann müsste die Schule geöffnet sein.
Weil ich am Wochenende früh aufstehe, sollte die Schule auch am Wochenende geöffnet sein, dann würde ich da auch hingehen.
Es würde sich viel verändern, und wenn ich fehle, muss ich alles nachholen.
Bei schlechter Laune oder wenn ich sehr müde bin, möchte ich gern zu Hause bleiben können. Allerdings könnte es sein, dass dann andere Kinder überhaupt nicht mehr zur Schule gingen und das wäre schlecht für sie.
Ich würde dann gehen, wenn ich Lust hätte oder wenn es mir zu Hause zu langweilig ist.

Ich würde mir gern einen Tag in der Woche frei nehmen können. Wenn das alle Kinder tun würden, wären wir oft weniger Kinder in der Klasse und würden mehr lernen.

Ich würde es genau umgekehrt machen: Ich würde am Wochenende und in den Ferien in die Schule gehen und ansonsten zu Hause bleiben.

Wenn die Schule auch an Wochenenden und in den Ferien geöffnet wäre, wie ist das dann mit den Lehrern?

Es wäre gut, wenn die Schule auch am Wochenende und in den Ferien geöffnet wäre. Ich würde da öfter kommen.

Ich würde auch in den Ferien manchmal in die Schule gehen, da habe ich oft mehr Lust.

So wie es jetzt ist, soll es bleiben.

Wenn die Schule am Wochenende und in den Ferien geöffnet wäre, müssten aber mehr Lehrer da sein.

Wenn alle in der Schule kommen könnten, wann sie wollen, müssten wir auch mehr Räume haben.

Die Zeit ohne Schule ist meist langweilig, deshalb sollte die Schüler öfter geöffnet sein.

Es ist so: Wenn ich etwas muss, dann macht es mir keinen Spaß. Wenn ich etwas nicht muss, dann macht es mir meistens Spaß. Genauso ist das mit der Schule.

In der anschließenden Abstimmung sprachen sich 23 Kinder für eine Schule auf freiwilliger Grundlage aus, 5 waren dagegen und plädierten für die Beibehaltung der Pflichtschule. Die Kinder haben mittels einer philosophischen Denkbewegung eine Grundfrage zur Diskussion gestellt, die sich in der gesamten PISA-Debatte keiner der professionellen Diskutanten zu stellen wagte. Warum eigentlich nicht?

Was ist mehr wert, Steine oder Geld?

Kindern ist bewusst, dass man auf unterschiedliche Weise in den Besitz von Steinen gelangen kann: Als Geschenk, als Fundsache in der Natur oder als Ware. Wonach sich allerdings der Wert des Gegenstandes bemessen könnte, blieb in den Gesprächsrunden heftig umstritten: Ästhetische Kriterien, Alter, Gewicht, Seltenheit des Vorkommens, Zweck und Größe waren nur einige der Maßstäbe, nach denen der Wert von Steinen beurteilt wurde. Relativ schnell kamen die Kinder auf den Gedanken, dass Wert und Preis eines Steines nicht identisch sein müssen. An dieser Stelle kam das Geld ins Spiel, wobei ein Kind darauf hinwies, dass der

Wert eines Steines in seiner Bedeutung für mich liegen würde, was wiederum nicht mit Geld zu bezahlen wäre. Mit dieser Äußerung war das (nicht geplante) Philosophieren über „Geld" eröffnet.

Wie bereits an anderer Stelle erwähnt, gründet sich das Philosophieren auf den didaktischen Dreischritt des Erkundens, Erprobens und Prüfens. Das Erkunden begreift den Einstieg in eine philosophische Denkbewegung stets als anschaulichen Ausgangspunkt mit Bezug zur Lebenswelt des Kindes. Das Erproben bedeutet einen Abstraktionsschritt, bei dem „Gedankenkleider" übergestreift werden. Das Prüfen schließlich meint Reflexion, welches Gedankenkleid am besten passt und welche Folgen das Gedachte für das eigene Handeln zeitigen könnte.

Nicht selten bedient sich das Philosophieren der Technik des nicht-wertenden Vergleichens, bei der im Ergebnis Unterschiede, Ähnlichkeiten und Gemeinsamkeiten der verglichenen Dinge erkannt und benannt werden.

Philosophieren mit Kindern im Rahmen der Förderung des Wissenschaftsverständnisses schließlich zielt auf die „Entwicklung von Begriffen und vor argumentativen Kompetenzen (Philosophieren als Methode). Das reflektierende Überprüfen und Korrigieren vorgefasster Meinungen spielt eine wichtige Bedeutung bei der Entwicklung einer kritischen Reflexionskompetenz, welche die Grundlage für das Beurteilen von Aussagen auf ihren Wahrheits- bzw. Stimmigkeitsgehalt ist. Es werden Begriffe kritisch unter die Lupe genommen." (Kerstin Michalik, Hans-Joachim Müller, Andreas Nießeler (Hrsg.), Philosophie als Bestandteil wissenschaftlicher Grundbildung? Berlin 2009; S.10).

Auf diesem Hintergrund und in Auswertung der anfangs kurz beschriebenen Gesprächsrunde entstanden die Vorschläge für Unterrichtsideen zum Philosophieren über „Geld", wobei gleichzeitig Nachdenkliches zum Verhältnis Mensch/ Natur zu Tage kommt.

Einstieg (Erkunden)

Die Kinder betrachten einen Trimmtaler und setzen sich mit der Frage „Handelt es sich um Geld?" auseinander. Das „Pro" und „Contra" wird schriftlich in Stichworten festgehalten. Auf diese Weise sammeln die Kinder Merkmale, die das Wesen des Gegenstandes ausmachen.

Nicht-wertendes Vergleichen

Die Kinder vergleichen den Trimmtaler mit Münzen und einem Geldschein und benennen Unterschiede, Ähnlichkeiten und Gemeinsamkeiten der Gegenstände. Das Wesen der Sache „Geld“ wird so auf einem anderen Wege nochmals erfasst.

Wenn wir Philosophieren als einen Prozess des Fragens, Hinterfragens und Weiterfragens verstehen, in dem die Fragen bedeutender sind als mögliche Antworten, und jede Antwort zu einer neuen Frage führt (Karl Jaspers), dann gilt es an dieser Stelle zu überlegen, wie sich die Fragekompetenz der Kinder, bezogen auf den thematischen Gegenstand, nachhaltig fördern lässt. Denn ein Unterricht, der nicht zum neugierigen Fragen anregt und die Fragen der Kinder aufnimmt, kann kaum geeignet sein, Bildungsprozesse anzustoßen.

Fragewürfel, Fragenfabrik

Eine Möglichkeit bietet die Arbeit mit dem „Fragenwürfel“, die „Fragenfabrik“. Gearbeitet wird bei der „Fragenfabrik“ mit zwei Würfeln. Der erste Würfel enthält sechs Fragewörter, der zweite sechs Verben und Hilfsverben, die den Anfang von zu vervollständigenden Fragesätzen bilden.

Würfel 1	**Würfel 2**
Was	ist/war
Wann	kann/konnte
Warum	macht/machte
Wie	wird/würde
Wo	hat/hatte
Wer	soll/sollte

In einer Klasse fanden die Kinder mit Hilfe der Würfel unter anderem folgende Fragen: **Was** sollte es alles für Geld geben? **Was kann** man nicht mit Geld kaufen? **Was** könnte es alles umsonst geben? **Warum ist** Geld wertvoll? **Was kann** man mit Geld alles machen? **Was kann** man nicht mit Geld machen? **Was ist** wertvoller als Geld?

Die Kinder entscheiden dann begründet, welche Fragen sie in welcher Reihenfolge erörtern möchten.

Einen möglichen Abschluss der Unterrichtssequenz bildet die Geschichte „Ein Taler ist keine Wurst“:

Anton zog eine verbeulte Sparbüchse aus der Krokodilkiste. Er schüttelte sie und lachte: „ich bin reich!"
„Warum?", fragte das Krokodil. „In der Büchse ist ein Taler", sagte Anton, „ich kann mir kaufen, wovon ich träume!"
„Zum Beispiel Moosröschen", bemerkte der kleine Koch.
„Oder Knoblauch", fügte Frau spöttisch hinzu.
„Ich träume von Blutwurst", brummte das Krokodil.
„Für einen Taler gibt es 20 Blutwürste", sagte Herr Kuckuck.
Dem Krokodil floss der Speichel aus dem Maul. „Taler her!"
„Spinnst du?", rief Anton. „Ich habe ihn gefunden. Er gehört mir!"
Das Krokodil wurde wütend. „Mein Taler! Ich beiße dir das Bein ab!"
Anton warf dem Krokodil die Sparbüchse ins Maul. „Hier friss!"
Das Krokodil zerbiss die Büchse, bis der Taler auf der Krokodilzunge lag.
„20 Blutwürste! Wird's bald!", donnerte es Herrn Kuckuck an.
„Hier gibt es keine Blutwürste", bibberte Herr Kuckuck.
„Ich will Blutwurst!", dröhnte das Krokodil.
„In Monte Carlo", wisperte das Fahrrad, „gibt es einen Laden, da bekommen Sie für einen Taler feines Kettenöl und 1A Speichenputz."
Das Krokodil brüllte: „Blutwurst!"
Frau Knösel spannte ihren Schirm auf und sagte mutig: „Junger Mann! Geld allein bringt gar nichts! Wenn Sie etwas kaufen wollen, müssen sie auch höflich sein."
Das Krokodil schrie noch einmal: „unten Blutwurst!" Dann war es 1 Minute stumm. Es hatte den Taler verschluckt. „Nun ist es Essig mit Blutwurst", sagte der kleine Koch.
„Und jetzt müssen Sie warten, bis der Taler hinten wieder herauskommen. Bei Ihrer Länge kann das dauern."
(Aus: Franz Zauleck, Auf der Sofakisseninsel, S. 80/81. Leipzig 2003)

Thematische Aspekte

Die Natur ernährt den Menschen, nicht das Geld – und nicht nur die Menschen, natürlich auch die Tiere, diese schmerzliche Erfahrung macht auch das habgierige Krokodil. Mit dieser Geschichte wird an das berühmte Gleichnis angeknüpft, mit dem sich die Indianer gegen die Zerstörung ihrer natürlichen Lebensgrundlagen an die weiße Regierung wandten: „Erst wenn ihr den letzten Fluss verschmutzt, den letzten Fisch gefangen und den letzten Baum abgeholzt habt, werdet ihr vielleicht feststellen, dass ihr euer Geld nicht essen könnt ..."

Die Welt ohne Geld

Die Kinder stellen sich eine Welt ohne Geld vor und beschreiben einen Tag in ihrem Leben ohne dieses Zahlungsmittel. In einem Rollenspiel inszenieren sie einen Einkauf alltäglicher Bedarfsgüter, bei dem Geld als Zahlungsmittel nicht zur Verfügung steht. Die Alternativlösungen werden an die Tafel geschrieben und im Gespräch auf ihre Praktikabilität untersucht. Es werden Vorschläge erarbeitet, was an die Stelle des Geldes treten könnte. Die Kinder spekulieren darüber, wie sich ihr Leben, das Leben ihrer Familie und das Leben der Menschen insgesamt verändern würde, wenn nicht mit Geld bezahlt werden könnte.

Geld kann man nicht essen

Die Lehrkraft schreibt die Weisheit des Indianerstammes der Cree (siehe oben) an die Tafel. Die Kinder ergründen im Gespräch die Möglichkeiten, diesen Spruch zu deuten und mit der Erfahrung des Krokodils in Beziehung zu bringen.

Warum ist Geld wichtig oder unwichtig?

Jedes Kind schreibt fünf Dinge auf, die es mit auf eine einsame Insel nehmen würde. Alle Dinge werden an der Tafel oder einem Flipchart gesammelt, Mehrfachnennungen markiert. Im anschließenden Gespräch werden folgende Fragen erörtert:

- Was wurde häufig genannt, warum?
- Auf welche Dinge kann man vielleicht doch verzichten?
- Was wurde vergessen?
- Warum wurde Geld nicht genannt bzw. warum wurde es genannt?
- Wie kommt es, dass Geld für uns so wichtig ist, aber auf der Sofakisseninsel niemand etwas damit anfangen kann?

Rucksack-Methode

Am Ende der Geschichte überlegt jedes Kind, was es aus der Geschichte und den Gesprächen für sich an Bedeutungsvollem (Erkenntnis, Gedanke, Figur, etc.) mitnimmt und schreibt und oder malt es in die Umrisse eines Rucksackes, die es zuvor auf ein Blatt gezeichnet hat. Die „Rucksäcke" werden im Klassenraum ausgestellt.

Vorschläge für einen Methodenkatalog zum Philosophieren

Gespräch – Gesellschaftlicher Kontext der Gesprächsproblematik

Nicht zuletzt unter dem Vorzeichen der „veränderten Kindheit“ entbehren immer mehr Kinder die wechselseitige Vergewisserung der Wirklichkeit, die das Gespräch bietet. Was vermag mehr Substanz und Ordnung in ihre Vorstellungs-Welt zu bringen, die von einer Schwemme exotischer, unverarbeiteter Bilder aufgeweicht ist, als das Gespräch?

> „Die grundlegende Art und Weise, in der eine Kultur die Ordnung ihrer Welt begreift und repräsentiert, wird als ‚Gespräch‘ bezeichnet.“ (Daniel Goldhagen, Hitlers willige Vollstrecker, Berlin 1996)

Wilhelm von Humboldt sieht in der Sprache (ich übertrage: „im Gespräch“) Organon (Werk) und Ergon (Werkzeug) zugleich. Auf dem Hintergrund dieser Feststellung verfolgt das Gespräch als Werk in seiner ästhetischen Gestalt unmittelbar Ziele des Ethik-Unterrichts und des Philosophierens mit Kindern. Entlang dieser Argumentationslinie könnte wohl die besondere Hinwendung der Pädagog*innen zu Dialog und Diskurs nicht nur im Philosophieren mit Kindern begründet werden.

Beide Elemente – das Gespräch als zentrales Medium der Geistesgeschichte (Humboldt) und das Gesprächsdefizit in der modernen „veränderten Kindheit“ (laut aktueller BMFSFJ-Studie pro Tag 47 Minuten Gesprächszeit mit Kindern in der Familie!) – ergänzen sich. „Kinder brauchen Gespräche“ könnte in Anlehnung an Bettelheim („Kinder brauchen Märchen“) das Motto lauten, zumal in einer Zeit, in der das Gespräch auch innerhalb der Gesellschaft nur mangelhaft gepflegt wird. Die Schule und damit der philosophisch orientierte Unterricht, aber auch die Kindertagesstätte würden eine Art **„Insel"** inmitten des Stroms der Gesprächslosigkeit darstellen, ähnlich wie sie der Vorstellung Neil Postmans zufolge den althergebrachten, „harten" Lehrplan der Bücher, der Anstrengung des Begriffs und der Mühsal des Übens aufrecht erhält inmitten der Wellen des „weichen Lehrplans" des Fernsehens und des Internets, der das Bewusstsein der Heranwachsenden einer sanften Gehirnwäsche unterzieht.

In diesem Zusammenhang würde durch sokratische, philosophierende Gespräche die Zerstörung der Erfahrung erst thematisierbar. Den Unterricht enttrivialisieren heißt deshalb, die Kinder lehren, legitime Fragen zu stellen, deren Antworten nicht schon vorher bekannt sind!

Ebenen, Ziele und Methoden des Gesprächs

Die Aussagen von Michael Fröhlich, David Kennedy (Northern Michigan University) und Hilbert Meyer werden in einen Zusammenhang der Gesprächsentwicklung auf drei Ebenen gebracht und mit den jeweiligen Möglichkeiten von Gesprächsformen verbunden (vgl. Hans-Joachim Müller, Das Gespräch als Werk und Werkzeug. In: Helmut Schreier (Hrsg.), Nachdenken mit Kindern. Aus der Praxis der Kinderphilosophie in der Grundschule. Bad Heilbrunn 1999).

Fröhlich spricht in Anlehnung an Klafki vom didaktischen Dreischritt „Entwicklung, Erprobung, Prüfung" des Philosophierens, Kennedy von den drei Dimensionen des philosophischen Gesprächs, wobei die erste Dimension wesentlich konzeptuell, also inhaltlich definiert ist, die zweite sich auf nützliche Fertigkeiten und Dispositionen auf philosophischer Ebene bezieht und die dritte schließlich für das Zusammenwirken der Individuen, die Interaktion der Individuen in einer „community of inquiry"(Forschungsgemeinschaft) Bedeutung hat, woraus sich auch die ästhetische Gestalt eines philosophischen Gesprächs ergibt. Hilbert Meyer führt das unterrichtsmethodische Modell des „drei-schrittigen Lehrgesprächs" ein, das im Kern ein fragend-entwickelndes Unterrichtsgespräch darstellt und hier deswegen Erwähnung findet, weil viele Lehrkräfte, die über keine oder wenig Erfahrung mit der philosophischen Gesprächsform verfügen, häufig ein vertrautes Gerüst benötigen, um sich zurechtzufinden.

Vorstellungs- und Gedankenleben der Kinder entwickeln	Themen einbringen	Der Gesprächsgegenstand wird bestimmt. Kinder oder Lehrkraft stellen eine Frage. Sie formulieren ein Problem oder eine Aufgabe. Sie versuchen, einen Gegenstand zu identifizieren. Sie versuchen, den Gesprächsgegenstand zu verfremden, zu verrätseln, etc. .	Stuhlkreis Schreibgespräch mit anschließender Präsentation Clustering mit anschließender Präsentation.
Denkweisen herausheben und erproben (in Gedanken, Vorstellungen, Gefühlen, Abneigungen implizit vorhanden – persönliche Wertungen ins Bewusstsein holen), verschiedene, erprobte Denkweisen vergleichen, Hineinversetzen in Denkweisen	Erforschung mittels Begründung („inquiry through reasoning"). Philosophische Fertigkeiten wie das Einbringen von Ideen, Klassifizieren und Kategorisieren, Überprüfen von Beispielen und Gegenbeispielen, Aufdecken von Widersprüchen, Erkennen von zugrunde liegenden Annahmen, logisches Argumentieren, Analogien bilden, sind auf dieser Ebene gefordert, können hier geübt werden und dazu dienen, Konzepte zu hinterfragen.	Das Gespräch nimmt seinen Lauf. Meinungen, Erfahrungen, Kenntnisse vornehmlich der Kinder werden eingebracht. Problemformulierungen werden überarbeitet; Problemlösungen bedacht. Alternativen werden diskutiert.	Stuhlkreis Tischgruppengespräch Dialog

Orientierungsleistungen entwickelter Denkleistungen werden argumentativ und begrifflich geprüft (sich im Denken orientieren lernen) Denkweisen werden auf sich, auf eigene Verständnismöglichkeiten und eigenes Leben bezogen, um konsequent zu urteilen	„Translation" bedeutet die wichtigsten sozialen Fähigkeiten anzueignen, die zum Gelingen eines Gesprächs gehören: Zuhören, Selbstkorrektur, Erklärungen, kontextspezifisches Argumentieren und Relativierung des eigenen Ich	Gesprächsergebnisse werden zusammengefasst, gesichert und vertieft. Bevorzugte Lösungen werden markiert. Konsens wird festgestellt bzw. Dissens bestätigt. Konsequenzen werden durchdacht.	Stuhlkreis Tischgruppengespräch mit anschließender Präsentation

Gesprächskompetenzerwerb als Lernziel für alle Unterrichtsfächer

Günstige Rahmenbedingungen für den Erwerb von Gesprächskompetenz lassen sich dann schaffen, wenn Gespräche sich vom gewöhnlichen Unterrichtsbetrieb unterscheiden: Die Leistungsmessung bleibt außen vor, das Diktat der Trivialität des Stoffes hört auf.

Ein Beispiel sind jene meta-unterrichtlichen Phasen, die über den „offenen Unterricht" in manche Grundschulen Eingang gefunden haben. Gesprächskreise zu Beginn der Woche, bei denen die Kinder Interessantes berichten, jeden Morgen stattfindende Kreisgespräche zur Vorbereitung des Unterrichts, der gemeinsame Rückblick am Ende der Woche bilden herausgehobene Phasen, in denen das selbstständige Miteinander-Verhandeln geübt werden kann, vor allem dann, wenn die Gesprächsleitung bei den Kindern liegt, wenn sie im Laufe der Zeit reihum geht, und wenn die Kunst der Gesprächsleitung selbst zum Gegenstand des Nachdenkens und des Gesprächs wird.

Zehn Verhaltensformen, die für das Zustandekommen einer „Gesprächsgemeinschaft“ dienlich sind:

1 Fragen stellen, die zur Sache führen
Unstimmigkeiten, Widersprüchliches an einer Darstellung aufdecken und in einer Frage „auf den Punkt“ bringen.

2 Vermutungen äußern, die eine Erklärung geben
Es geht um die Kunst, Hypothesen zu bilden, die einen Zusammenhang beschreiben, der durch die einzelnen verfügbaren Daten und Beobachtungen nur bruchstückhaft in den Blick gerät.

3 Eine Meinung nicht ohne Begründung vortragen
Das Minimum an argumentativem Verhalten besteht darin, für jede vorgetragene Meinung eine Begründung zu geben, die nachvollziehbar und sachangemessen ist.

4 Beispiele und Gegenbeispiele liefern
Mit Hilfe eines geschilderten Falles einen Beleg für das vertretene Prinzip oder Konzept geben, oder für ein entgegengesetztes Prinzip oder Konzept.

5 Angemessene Analogien bilden
Es geht um die Kunst, ähnliche Muster und Situationen zu finden, die geeignet sind, die verhandelte Frage zu beleuchten oder einen neuen Aspekt ins Spiel zu bringen.

6 Ideen aufgreifen, die von anderen vorgetragen worden sind
Gedankenstränge kooperativ stärken und weiterspinnen, die von anderen vorher ins Spiel gebracht wurden.

7 Die „andere Seite“ anhören
Statt sich zu verschließen, wenn die eine Seite eines Arguments plausibel vorgetragen worden ist, sich trotzdem für den Vortrag anderer Perspektiven offenhalten.

8 Vernünftige Kritik annehmen
Die eigene Position nicht um jeden Preis verteidigen, sondern sich entgegengesetzte Auffassungen anhören, Argumente dafür und dagegen abwägen.

9 Andere Teilnehmende als Personen respektieren und ihnen das Recht auf Achtung erhalten
Negative Kritik auf das vorgetragene Argument beschränken, aber die Person, die es vorgetragen hat, als Mensch wertschätzen, unabhängig von den negativen Gefühlen, die das Argument vielleicht ausgelöst hat.

10 Urteile fällen, die Ansprüchen von Verstand und Vernunft gerecht zu werden versuchen
Bewertung und Beschreibung, Kritik und Einsicht in eine Art „Zwischenbilanz" einbeziehen.

Zur Einübung der **Technik des Zuhörens** und der Entwicklung des Verständnisses seiner Bedeutung für das Zustandekommen einer Gesprächsgemeinschaft eignet sich besonders: Berrie Heesens Denkgeschichte „Reden und zuhören" (Berrie Heesen, Klein aber clever. Nachdenken und Philosophieren mit Kindern. Verlag an der Ruhr. Mülheim 1998

„Fünf Finger einer Methodenhand"

Beim Philosophieren entwickeln sich Kompetenzen, die gleichzeitig auch als dessen Voraussetzungen angesehen werden. Der Philosophie-Didaktiker Ekkehard Martens (Ekkehard Martens, Sich im Denken orientieren. Hannover 1990) hat diese als „Fünf Finger einer Methodenhand" beschrieben. Das von ihm gewählte Bild unterstreicht, dass keine dieser Methoden in „chemisch reiner" Form existiert bzw. zur Anwendung gelangt. Systematisch betrachtet, repräsentieren diese fünf Kompetenzen als elaborierte Ausarbeitungen elementarer Sprechhandlungen zugleich die wichtigsten Denkströmungen der Philosophie.

Phänomenologische Kompetenz
Beobachtendes Beschreiben (vgl. auch „Bilddidaktische Einstiege")

Hermeneutische Kompetenz
Deuten von Deutungen, fragen und verstehen von jemandem

Analytische Kompetenz
Zergliedern von Sachverhalten, Begriffe und Behauptungen klären und erläutern

Spekulative Kompetenz
Fantasie, Kreativität, Denken in Möglichkeiten (optionales Denken), sinnieren und fantasieren

Dialektische Kompetenz
Denken in Gegensätzen und Widersprüchen, jemandem widersprechen, miteinander streiten

Welches Methoden-Repertoire steht außerdem zur Verfügung?

Gedankenexperimente
Ein Gedankenexperiment ist der Versuch, auf den Flügeln der Fantasie und ausgestattet mit dem Kompass des urteilenden Verstandes in eine unbekannte, ausgedachte Welt einzutauchen, sich diese vorzustellen und nach Rückkehr in die wirkliche Welt festzustellen, welche der beiden Welten aus welchen Gründen mehr zusagt. Es beginnt häufig mit der Frage „Was wäre, wenn…?“

Das Gedankenexperiment fordert und fördert vornehmlich die spekulative Kompetenz der Kinder heraus (Kreativität, Fantasie, Denken in Möglichkeiten; s.o.).

Blitzlichter
Das Blitzlicht ist die spontane Reaktion auf einen Begriff (aber auch Gegenstand, etc.) und fordert somit das assoziative Denken heraus. Nicht langes Überlegen, sondern eine unmittelbare Reaktion auf einen Reiz ist die für diese Methode charakteristische Antwort. Beispiel: Woran denkst du, was geht dir durch den Kopf, wenn du das Wort „Freundschaft“ hörst?

Auf diese Weise entsteht Material für ein Gespräch, das inhaltlich nicht von der Moderatorin, sondern von spontanen Gedanken der Kinder bzw. Jugendlichen seinen Ausgang nimmt. Das entspricht durchaus dem Wesen des Philosophierens und der damit verbundenen „Hebammen-Methode“ (gr. Mäeutik), nämlich das aus den Köpfen heraus zu holen, was sich bereits darin befindet, statt unentwegt einzufüllen („Nürnberger Trichter“).

Akrostichon
Ein Akrostichon ist ein antikes Schreibspiel bzw. Gedicht, bei dem die Buchstaben eines Wortes senkrecht untereinandergeschrieben werden.

Jeder dieser Buchstaben bildet dann den Anfang eines neuen Wortes. Dabei beinhaltet das vorgegebene Wort das Thema, zu dem inhaltlich passende Wörter gefunden und aufgeschrieben werden müssen. Im Kern handelt es sich um ein „eingeengtes" Blitzlicht.

Beispiel Akrostichon „LIEBE"
L.. UST
I.. LLUSION
E.. RWARTUNG
B.. EWAHREN
E.. NTTÄUSCHUNG

Nicht-wertendes Vergleichen
Nicht-wertendes Vergleichen ist eine zentrale Technik des Philosophierens.

Nicht wertendes Vergleichen von Lebewesen und Dingen aller Art führt immer dazu, Unterschiede, Ähnlichkeiten und Gemeinsamkeiten zu erkennen. Den meisten Kindern (und Erwachsenen!) fällt es relativ leicht, Unterschiede zu benennen, wohingegen mögliche Gemeinsamkeiten etwa zwischen einem Baum und einem Auto zu formulieren, schon einen höheren Nachdenkaufwand notwendig machen. Bedeutsam erscheint bei dieser Methode der Verzicht auf jegliche Wertung. Dies mag bei dem angeführten Beispiel unproblematisch erscheinen. Aber schon der Vergleich zwischen Türken und Deutschen oder Jungen und Mädchen stellt die Fähigkeit zum Verzicht auf wertende Kommentare auf eine harte Probe (nicht allein bei Kindern!).

Bilddidaktischer Einstieg
Gerade bei Bilderbüchern bieten sich bilddidaktische Einstiege als Form der Textaneignung ein. Dies gelingt jedoch nur, wenn die Bilder „überschießenden" Charakter aufweisen, sich also nicht darauf beschränken, den Text zu illustrieren. Sie ermöglichen einen eigenständigen Zugang zu der erzählten Geschichte und knüpfen dabei an die nicht nur bei Kindern zu beobachtende Bevorzugung von bildhaftem und ganzheitlichem Denken an.

Die Eingangsfrage lautet in der Regel „Was seht ihr?" und zielt auf die Beschreibung des Beobachteten (vgl. phänomenologische Kompetenz). Nicht selten setzen Kinder (ebenso wie Erwachsene!) jedoch an die Stelle der Beschreibung eine Deutung (Bsp.: Eine Gruppe Menschen, die aus einer bestimmten Anzahl von Erwachsenen und Kindern besteht, wird sofort als „Familie" gedeutet, obwohl die Gruppe auch etwas anderes darstellen könnte) und verdeutlichen damit ihre Schwierigkeiten, differenziert Wahrnehmungen als solche wiederzugeben.

Szenisches Spiel

> „Lernen findet in Szenen statt, in die wir mit allen Sinnen eingebunden sind." (Ingo Scheller, Szenisches Spiel, Berlin 1998).

Wenn sich diese These praktisch bestätigt, wofür es viele Hinweise gibt, dann lassen sich mit Hilfe des szenischen Interpretierens Gedanken nicht nur verbalisieren, sondern es ist nützlich, das Gedachte auch zu präsentieren.

Szenisches Interpretieren entwickelt die Fähigkeiten im Umgang mit Literatur auf kognitiver, emotionaler, imaginativer und sinnlich-körperlicher Ebene.

Diese Methode ermöglicht eine Aneignung von Texten, die eigene Erfahrungen, Gefühle, Bilder und Fantasien mit dem Text verbindet bzw. auf ihn projiziert.

Jeder Spieler macht seine individuelle Deutung des Textes durch das Agieren in einer Rolle vor den anderen sichtbar. Indem die Spieler aufeinander reagieren, wird der Einfühlungsprozess intensiviert.

Jeder Spieler zeigt etwas von sich selbst, da in das Spiel eigene Persönlichkeitsanteile einfließen.

Das Private wird nicht thematisiert, sondern verbleibt im Schutz der Rolle; dennoch erfahren die Spielenden durch das Verhalten der anderen nicht nur etwas über die Figur, sondern auch über sich selbst.

Das szenische Interpretieren ist zugleich subjekt- und textbezogen.
Die individuellen Deutungen der Spielenden werden reflektiert durch Rollengespräche mit der Spielleiterin und den beobachtenden Mitspielern, durch Mehrfachbesetzung einer Rolle, durch Standbilder, durch Gespräche über das Spiel und die im Spiel gezeigte, fiktionale Welt sowie über die Vielzahl der Perspektiven, aus denen das fiktionale Spiel betrachtet wird.

Wesentlich sind dabei die bekannten Einfühlungstechniken, die den Prozesscharakter des szenischen Interpretierens ermöglichen und unterstützen.

Wichtig ist bei dieser Methode, dass Kinder ihr Vorstellungsleben präsentieren.

> „Insbesondere mit jüngeren Kindern wäre es demzufolge wichtig, das Handlungsmoment zu betonen, aber nicht als bloße Illustration eines Begriffs, sondern als eigenständige Symbolwelt oder als gemachte Erfahrung, die ausgewertet werden kann." (Michael Fröhlich)

Standbild

Dargestellt werden auf diesem Hintergrund das Standbild als Unterbrechung von Handlungsabläufen, das Standbild als Einnehmen und Zeigen von Haltungen, ein situationsbezogenes Standbild, der Bau einer Statue, die situative Rollenbefragung mit Stimmenskulptur, das szenische Lesen, das Texttheater und das „Kneten" von Texten.

Das Standbild als Unterbrechung von Handlungsabläufen setzt eine kleine Spielsituation voraus, die sich die Beteiligten ausdenken.

Bei „Stopp-Rufen" durch die Regisseurin erstarren die Spielenden in ihren Haltungen. Das Ganze gleicht einem Schnappschuss. Indem die SpielerInnen aus ihren Rollen heraus sagen, was sie gerade denken, werden Gedanken und Gefühle erkundet und die Spielszene auf diese Weise gedeutet (Philosophieren ist auch immer das Deuten von Deutungen).

Die Projektionen der Beobachter werden sichtbar gemacht, indem diese nacheinander hinter die Personen treten, ihnen die Hand auf die Schulter legen und in Ichform sagen, was diese ihrer Meinung nach gerade denken.

Der zweite Vorschlag, das Standbild als Einnehmen und Zeigen von Haltungen, lässt sich mit der Hilfe einer Bild- oder Textvorlage realisieren.

Die TeilnehmerInnen erstarren in Haltungen, die zeigen, wie sie zu der im Bild/Text dargestellten Situation, zu bestimmten Personen und Ereignissen aus ihrer gewählten Rolle heraus, stehen.

Die SpielerInnen entscheiden selbst über ihre Haltung und suchen nacheinander Positionen auf. Sie verlassen das Standbild in umgekehrter Reihenfolge.

Sie machen wiederum ihre Gefühle und Gedanken öffentlich, indem die SpielerInnen aus ihrer Rolle heraus sagen, was sie gerade denken und empfinden.

Die Projektionen der Beobachter werden wie im ersten Vorschlag deutlich gemacht. Sie veranlassen darüber hinaus die SpielerInnen, jene Zuschreibungen zu benennen, die ihren Vorstellungen am Nächsten kommen. Die Beobachtenden richten Fragen an einzelne Personen im Standbild, die diese aus ihrer jeweiligen Haltung heraus beantworten.

Situationsbezogenes Standbild

Ein situationsbezogenes Standbild zu bauen verlangt eine Hauptspielerin und die gedankliche Weiterentwicklung des Bildes zu einer „Situation", die auf einen bestimmten Moment zugespitzt als neues Bild aufgebaut und gestaltet werden kann.

Die Hauptspielerin sucht aus der Gruppe die Darstellerinnen aus und formt deren Haltungen. Dabei wird nicht gesprochen. Haltungen werden modelliert, die Mimik hingegen vorgemacht und anschließend „eingefroren".

Gerade bei dem komplizierteren, situationsbezogenen Standbild ergibt sich eine Vielzahl möglicher Deutungen:

Zunächst jedoch erläutert die Hauptspielerin ihr Standbild in Bezug zum dargestellten Bild bzw. Text. Um welche Situation geht es? Was geschieht? Wo und wann genau findet die Szene statt? Wer sind die Personen und was machen sie gerade?

Die Hauptspielerin tritt nacheinander hinter die dargestellten Personen, legt ihnen die Hand auf die Schulter und spricht ihre Gedanken aus. Abweichende Deutungen von Beobachtern und Spielerinnen werden ausgesprochen.

Der Bau von Statuen schließlich, als Skulptur oder Denkmal zeigt den Grundgestus, den Titel von Szenen, Haltungen, Beziehungen. Sie abstrahieren, verallgemeinern und bringen bildlich auf den Begriff.

Situative Rollenbefragung

Bei der situativen Rollenbefragung mit Stimmenskulptur wird aus einer Geschichte eine Hauptfigur bestimmt (geht auch mit zwei Figuren).

Ein Kind aus der Klasse setzt sich ruhig auf einen Stuhl und stellt nun diese Figur dar. Die Lehrkraft liest den Text der Geschichte bis zu einer zuvor ausgewählten Stelle vor und bricht dann ab. Die Mitspielenden treten nacheinander hinter die Figur (Kind) auf dem Stuhl und sprechen einen Satz, den diese Figur gerade denken könnte. Wenn sich alle hinter der Hauptfigur eingereiht und ihren Satz gesagt haben, zeigt die Lehrkraft abwechselnd auf die einzelnen Kinder, die auf dieses Zeichen hin ihren Satz jeweils (evtl. auch mehrmals hintereinander) wiederholen. Es entsteht ein Stimmenorchester, eine Stimmenskulptur. Zum Schluss sagt jedes Kind noch einmal der Reihe nach seinen Satz. Das Kind auf dem Stuhl hört zu und entscheidet, welche „Gedankensätze" nach vorn, in die Mitte und nach hinten gerückt werden. Zum Schluss prüft die Klasse, ob die Zuordnungen zusammenpassen („Plausibilitätsprüfung"), das Kind auf dem Stuhl kann seine Entscheidungen anschließend begründet korrigieren.

Texttheater

Beim szenischen Lesen wird ein Text gelesen, indem reihum ein Satz vorgetragen wird. Dabei sollen unterschiedliche Intonationen erprobt werden. Es entstehen Rollenvorstellungen, welche die Beziehung zwischen Personen bzw. Positionen definieren.

Das Texttheater ist ein spielerischer und zugleich aktiv-fragender Umgang mit Texten. Unterschiedliche Interpretationen durch Intonation und Übernahme fremder Rollen sind charakteristisch.

Wie in einem Chor erhalten verschiedene Gruppen oder einzelne Kinder unterschiedliche Sätze, die sie auf bestimmte Art vortragen können. Die Lehrkraft „dirigiert" und gibt den Gruppen (Kindern) jeweils ihren „Einsatz". So können zum Beispiel die Strophen eines Gedichts oder die Sätze eines Textes auf die Mitspielenden aufgeteilt werden. Je nach Angabe der dirigierenden Personen (auch Kinder!) sprechen die Mitspielenden ihre Textstücke, so dass der Eindruck eines „gesprochenen" Singspiels entsteht.

Die wichtigste Spielregel lautet dabei, dass der Wortlaut der Texte nicht verändert werden darf, nur durch die Art und Weise des Vortrags variiert werden soll. Die „Zitate" können monoton oder gehetzt, im Singsang, mehrfach wiederholt, unterschiedlich betont etc. vorgetragen werden. Die gewünschte Deutung des Zitats kann auch durch Körpersprache, Pantomime, Rhythmisierung etc. verdeutlicht werden.

Kneten

Das laute Sprechen und Experimentieren mit Texten, „Kneten" genannt, beleuchtet Passagen, Dialoge, Sätze und Wörter unterschiedlich, deckt Bedeutungsschichten auf, legt gestische Nuancen frei, die auf mögliche, zu Grunde liegende Haltungen, Intonationen und Beziehungen verweisen. Dabei können Rollen gewechselt, Text- und grammatikalische Grenzen gesprengt, Sinneinheiten vorübergehend aufgelöst, Zusammengehöriges kann isoliert und nicht zusammen Passendes kombiniert werden.

Zitiert nach: Gerhild Tesak u. a., Wegweiser für die Sofakisseninsel, Klett Schulbuchverlag Leipzig 2003; Seite 21 ff.

Philosophieren als Unterrichtsprinzip

Die Renaissance der Philosophie oder eine radikale Wende einleiten – „Philosophie" des Faches entdecken statt „Didaktisierung" der Inhalte vornehmen

Beginnen wir mit einem Zitat aus einem Vortrag, den die Philosophin Dorothea Frede am 8. April 1998 in Hamburg gehalten hat:

Philosophie – Mutter aller Wissenschaften?

Trotz der Spezialisierung der Wissenschaften einschließlich der in Schulen unterrichteten Fächer oder gerade wegen dieser Spezialisierung stellt sich die Frage, ob „dann diese Spezialisten nicht selbst philosophieren sollten, d. h., auf die Grundlagen ihrer Wissenschaften reflektieren und sich Gedanken darüber machen, mit welcher Art von Dingen sie es eigentlich zu tun haben? Das sollten sie wohl wirklich. Die wenigsten tun es aber. Nicht nur fehlen ihnen dazu die Zeit und vielleicht auch die Lust, es fehlt ihnen auch das nötige Training in solcher Denkarbeit, sodass dabei manchmal ein ziemlich unbeholfenes Gerede herauskommt" (Dorothea Frede, a.a.O.).

Philosophieren versteht sich in diesem Kontext als Reflexion grundsätzlicher Denkweisen, als etwas, das sich in Lehr- und Lernprozessen ereignet und somit als methodische Tätigkeit. Es handelt sich demzufolge nicht um eine akademische Philosophie.

Daraus könnte sich eine Aufgabenstellung für die Erarbeitung entsprechender Lehrpläne und Bildungsstandards ergeben, die jedoch politisch offensichtlich nicht gewollt ist: Was von der Philosophie als Mutter aller Wissenschaften davon findet sich in den Genen ihrer (weitgehend entfremdeten) Kinder (z. B. Unterrichtsfächer) – eine Suche u.a. in den Fächern Deutsch, Mathematik, Sachunterricht und Kunst wäre ein Anfang.

Dazu korrespondiert eine Frage: Kann eine Lehrkraft, deren Fragenrepertoire überwiegend im Periphalen gründet, sich gelegentlich ins Sensationale verirrt und selten oder nie ins Existenziale mündet, je die philosophischen „Gene" ihres Faches entdecken/ergründen (vgl. Kapitel „Staunen und Fragen als Basiskompetenzen des Philosophierens)?

Welches Verständnis von Didaktik korrespondiert zum Philosophieren als Unterrichtsprinzip?

> „Es steht eine Nachdenklichkeit beim Philosophieren im Vordergrund, die um ein Problem kreist, sich wiederholen und längere Zeit bei einem staunenswerten- und befragungswürdigen Phänomen verweilen kann, um sich dann so gesammelt zu entfalten. Zum Nachdenken gehören sowohl ein kreisendes, zyklisches Moment als auch eine plötzliche Einsicht, die sprunghafte Intuition und die gleichsam zeitenthobene Lösung der nachdenklichen Anspannung, die uns manchmal wie ein Blitz aus heiterem Himmel einfällt. Die komplexe Struktur des Verstehens enthält also reversible, zyklische, bewahrende Perioden, aber auch irreversible, chaotische, kreative, ins Neuland vorstoßende Prozesse. Dieser fruchtbare Moment im Bildungsprozess lässt sich letztlich weder erzwingen noch nach dem Modell eines kontinuierlichen Lernfortschritts elementarisieren. Er ergibt sich vielmehr aus einer dauernden, fein differenzierten Frage- und Beobachtungshaltung, die derart unstetige, tastende, nachdenkliche Verstehensprozesse anregt."
> Provokativer Impuls von Herbert Hagstedt (Kassel): **Kinderphilosophie ist nicht didaktisierbar** (In: Helmut Schreier (Hrsg), Nachdenken mit Kindern. Bad Heilbrunn 1999, S. 113 ff.)

Das Verhältnis von Didaktik und Methodik

Philosophieren als Unterrichtsprinzip verlangt eine Klärung des Verhältnisses von Didaktik und Methodik. Vieles, was heute in Diskursen über guten Unterricht als „Didaktik" daherkommt, entspricht seinem Ursprung nach eher einer (Fach-)Methodik.

Die ursprüngliche Bedeutung des Wortes „Methode" (gr. Methodos = „Weg nach") führt uns bereits auf den wesentlichen Inhalt des Begriffs. Es liegt im Begriff des Methodischen, einer Sache, einer objektiven Erscheinung „nachzugehen", d. h. ihrem inneren Wesen, ihrer Logik auf die Spur zu kommen. Weil jeder Bereich der objektiven Realität eine ihm eigentümliche, immanente Logik besitzt, muss sich infolgedessen das methodische Herangehen an verschiedene Erscheinungen der Wirklichkeit voneinander unterscheiden. Die Methode hängt also von der Spezifik der entsprechenden Erscheinung ab; sie ist im Grunde nichts anderes als das Begreifen der „Natur“ des betreffenden Gegenstandes, oder wie Hegel sagt, „das Bewusstsein über die Form der inneren Selbstbewegung ihres Inhalts.“

- Methode bedeutet demnach zum ersten einer Erscheinung nachzugehen.
- Zum zweiten ist die Methode gegenstandsgebunden und gegenstandsspezifisch, sie wird vom Inhalt bestimmt.
- Zum dritten liegt ihr Wesen auch im planmäßigen und systematischen Vorgehen.

Die Nähe zum Philosophieren mit Kindern als Unterrichtsprinzip kommt in diesem Versuch einer Begriffsklärung deutlich zum Ausdruck. Oder anders gefragt: Wie soll im Sinne Komenskys „Lehrkunst“ bezogen auf die Fachinhalte entstehen, ohne die Philosophie des jeweiligen Faches zu erkennen und somit dem Wesen des jeweiligen Faches auf den Grund zu kommen?

> „Ohne die Mathematik dringt man niemals auf den Grund der Philosophie.
> Ohne die Philosophie dringt man niemals auf den Grund der Mathematik.
> Ohne beide kommt man auf den Grund von gar nichts.“
> *Gottfried Wilhelm Leibniz. Zitiert nach Peter Ruben, Philosophische Schriften. Online-Edition www.peter-ruben,de 2017*

Wie viele Schulen mag es in unserem Lande geben, die in diesem Sinne auf den Grund von gar nichts kommen?

Die aktuelle Bedeutung der „Bindestrich-Philosophien“ (z. B. Sprach-Philosophie, Rechts-Philosophie, „Unternehmens-Philosophie“) – Ableitungen zu Unterrichtsfächern möglich: Mathematik-Philosophie, Philosophie der Germanistik, der Physik, etc.?

> „Was also ist zu sagen über die Philosophie als Mutter der Wissenschaften heute? Sie wird weiterhin diejenigen ihrer Kinder betreuen, die zur Kleinfamilie der Philosophie gehören, und sie wird sich darüber hinaus auch weiterhin mit den Stiefkindern, den ‚Bindestrich-Philosophien‘ befassen. Für die Allgemeinheit ist das besonders wichtig, weil nur so die Grundfragen wach bleiben: Was machen wir hier eigentlich? Und: Wozu ist es gut? Und, wie erkläre man die Grundbegriffe der Wissenschaften denjenigen, deren Leben doch davon abhängt? – Nur

> so lässt sich verhindern, dass die einzelnen Fächer hinter den hohen Mauern der Unverständlichkeit verschwinden und die Menschheit endgültig zwei Lager zerfällt, das Lager der Wissenden und das Lager der Unwissenden. Um bei dem Bild vom Bauen zu bleiben: Philosophie liefert zwar nicht die Bausteine der modernen Welt, wohl aber hilft sie beim Anrühren des Zements, der dafür sorgt, dass Kultur und Wissenschaft, bei aller Verschiedenheit, auch weiterhin Teile eines wohlgefügten Gebäudes bleiben." (Dorothea Frede, a.a.O.)

In der heutigen, hochspezialisierten und extrem arbeitsteiligen Welt gilt es als unausgesprochene Übereinkunft, dass die Philosophie abseits der anderen Wissenschaften ein Eigenleben führt.

Dennoch wäre es interessant zu untersuchen, ob und wie die Philosophie auf die wissenschaftlichen Umwälzungen der letzten 20 Jahre reagiert hat. Von riesigen Bereichen wie Gentechnik und „Big Data" kann man durchaus den Eindruck haben, sie müssen erst einmal kognitiv adäquat erschlossen werden, bis sie der Menschheit grundlegend von Nutzen sein könnten. Heutzutage forciert die technologische Entwicklung die Ersetzung kognitiver Fähigkeiten durch Speicherkapazitäten, womit die Subordination des Menschen unter die Technik eine weitere Dimension gewinnt, insofern die wachsende Selbstbestimmung mit schnellerer und stärker wachsender Unterordnung einhergeht.

Die neueren Wissenschaften haben die Forschung nach Gesetzen und Grundlagen innerhalb dieser gigantischen Mengen an Daten tendenziell aufgegeben. Die darin enthaltenen Beziehungen werden nicht mehr auf Kausalverhältnisse, sondern nur mehr auf Korrelationen untersucht. Diesem Trend weg vom grundlegenden Erklären hin zu Spezialuntersuchungen und der Forschung zu konkreteren Fragestellungen hat sich in den letzten Jahren auch die Philosophie angeschlossen, wie die Entwicklung verschiedener Ethiker und die Beschäftigung mit unterschiedlichen Arten von Gerechtigkeit zum Beispiel erkennen lässt.

Nichtsdestotrotz kann man heute wie in der Antike jedoch davon ausgehen, dass sich die verschiedenen Wissenschaften und die Philosophie jeweils auf denselben Erkenntnisgegenstand richten:

Während die Einzelwissenschaften ihr Interesse auf die einzelnen Gegenstände fokussieren, forscht die Philosophie nach dem darin enthaltenen Allgemeinen und den Strukturen, die dem empirischen wissenschaftlichen Gegenstandsbereich zu Grunde liegen. Dies untersuchen Philosophie und Wissenschaft auf unterschiedliche, aber rational begründete Weise.

Diese Überlegungen begründen über den engen schulischen Bereich hinaus die Notwendigkeit, diesen Zusammenhang wieder zu thematisieren und eine

Zusammenarbeit bzw. Auseinandersetzung auf die häufig in ihren eigenen Logiken Gefangenen, hauptsächlich ökonomisch ausgerichteten Wissenschaften zu ermöglichen.

Ein möglicher Weg wäre ästhetisches Lernen und Philosophieren mit Kindern (vgl. gleichnamiges Kapitel)

Exkurs: Ist Philosophieren mit Kindern Kunst?

Mir scheint, wenn wir Philosophieren als „Kunst"(meinetwegen auch Handwerkskunst) verstehen, kommen wir der Sache noch näher. „Kunst" würde die Unsicherheit, Unwägbarkeit und Beunruhigung beim Philosophieren erklären, die beide Seiten erfasst und gleichzeitig verdeutlichen, dass handwerkliche Fähigkeiten Bedingung für das Entstehen eines Kunstwerkes sind (frei nach Karl Valentin, Kunst macht Arbeit). Dabei greife ich gern auf das Verständnis des Commenius von Didaktik als „Lehrkunst"(Didactica magna) zurück. Gleichzeitig ergibt sich ein unübersehbarer Zusammenhang von Werkzeug und Werk, wie ihn Humboldt im Zusammenhang mit Sprache beschrieben hat: Das Philosophieren als (Hand-) Werkzeug und (Kunst-) Werk.

Mit diesem Verständnis von Philosophieren ließe sich nicht nur eine Reihe von Problemen ergründen, sondern auch Überlegungen für die Fort- und Weiterbildung von Philosophierenden begründen.

> „Was Du ansprichst, entspricht ziemlich genau der aristotelischen Auffassung von „techné", bei der zwischen technischem und künstlerischem Tun noch nicht unterschieden wird und eine geeignete Übersetzung wohl „Kunstfertigkeit" sein könnte. Andererseits unterscheidet Aristoteles aber auch zwischen Handeln und Herstellen, wobei er zu letzterem die „techné" rechnen würde, weil sie auf ein „ergon" (ein Werk) bezogen sei, wohingegen das Handeln eher als Prozess aufzufassen sei. Bildhauer und Flötenspieler werden dann als gegensätzliche Beispiele von ihm genannt und das Philosophieren mit Kindern wäre vermutlich dazwischen anzusiedeln, wenn wir an unsere „Dinge-Tagung" im Juli 2015 (Tagung an der Carl von Ossietzky-Universität Oldenburg) denken." (Anmerkung von Prof. Dr. Reinhard Schulz vom 10. Mai 2015)

Steine des Anstoßes

Philosophieren im gesellschaftlichen Kontext

„Philosophische Lebensführung" versus „Imperiale Lebensweise" – Philosophieren mit Kindern hilft, den Einstieg in die Unmündigkeit zu verhindern

Der Philosoph Karl Jaspers war davon überzeugt, dass der Mensch als solcher ursprünglich philosophiert. Nicht zufällig begründet er diese Aussage mit dem Verhalten von Kindern:

> „Ein wunderbares Zeichen dafür, dass der Mensch als solcher ursprünglich philosophiert, sind die Fragen der Kinder. (…) Kinder besitzen oft eine Genialität, die im Erwachsenwerden verloren geht. Es ist, als ob wir mit den Jahren in das Gefängnis von Konventionen und Meinungen, der Verdeckungen und Unbefragtheiten eintreten, wobei wir die Unbefangenheit des Kindes verlieren. Philosophie heißt: Auf dem Wege sein. Ihre Fragen sind wesentlicher als ihre Antworten, und jede Antwort wird zur neuen Frage. (…) Philosophie hat nichts Übergeordnetes, nichts Nebengeordnetes. Sie ist nicht aus einem andern abzuleiten. Jede Philosophie definiert sich selbst durch ihre Verwirklichung. Was Philosophie sei, das muss man versuchen. Aus dem eigenen Versuch heraus kann man wahrnehmen, was in der Welt uns als Philosophie begegnet." *(Karl Jaspers, Einführung in die Philosophie, S. 11 ff. .München 1999)*

Philosophie sei nicht nur für jeden zugänglich, sondern auch für jeden wichtig. Philosophie komme seiner Meinung nach eine existenzielle Bedeutung zu, denn durch sie erlangt der Mensch nicht nur wichtige Einsichten über die Welt, sondern stellt auch Fragen über sich selbst, gewinnt an Gewissheit über das eigene Leben und steigert so die Möglichkeit, sich selbst zu verwirklichen. Außerdem helfe die

Philosophie bei der Bildung von tragfähigen Solidargemeinschaften, da sie zu einem gegenseitigen Verständnis nicht zuletzt durch jene Haltung beitrage, die Jaspers „eigentliche Kommunikation" nennt.

Sinnentzug und Kontrollverlust – zwei mögliche Ursachen für das Anwachsen nationalistischer, fremdenfeindlicher und asozialer Bewegungen

In Oskar Negts Autobiografie „Überlebensglück" (Oskar Negt, Überlebensglück. Eine autobiografische Spurensuche. Göttingen 2016) spielen die Überlegungen des in den USA geborenen und später nach Israel emigrierten Medizinsoziologen Aaron Antonovsky eine wichtige Rolle. Dieser hat mit dem Begriff „Salutogenese" Faktoren benannt, die für die Aufrechterhaltung der menschlichen Gesundheit von Bedeutung sind. Es geht vor allem um das Gefühl der Kohärenz (des Zusammenhängens), dass er als zentrale Voraussetzung von Gesundheit bezeichnet und das auf guten Beziehungserfahrungen basiert. Negt fasst Antonovsky wie folgt zusammen: „Zur Kohärenz gehören drei Aspekte: die Fähigkeit, die Situation, in der man sich befindet, und die Zusammenhänge zu verstehen - also das Gefühl der Verstehbarkeit; weiterhin die Überzeugung, dass man das eigene Leben gestalten kann - das Gefühl der Handhabbarkeit sowie schließlich der Glaube, dass das Leben einen Sinn hat - das Gefühl der Sinnhaftigkeit."

Wenn wir uns vor Augen halten, wie es gegenwärtig für viele Menschen um die Verstehbarkeit ihrer Lage, um die Möglichkeit, ihr Leben aktiv zu gestalten und als mit Sinn erfüllt zu erleben, bestellt ist, wird klar, dass sie unter inkohärenten, angstauslösenden und krankmachenden Bedingungen zu leben gezwungen sind. Statt Verstehbarkeit, Handhabbarkeit und Sinnhaftigkeit erfahren sie Kontrollverlust, Hilflosigkeit, Ohnmacht und ein Gefühl des Ausgeliefertseins. Sie erleben sich als Anhängsel intransparenter, finanzieller Abstraktionen und anonymer Superstrukturen und spüren, dass es auf sie und ihre Motive überhaupt nicht ankommt (Gründe für die Zunahme von Bewegungen, die in der Wahl von AfD, Trump oder Marine Le Pen ihren vorläufigen Ausdruck finden).

Das Sein hat den Vorrang vor dem Bewusstsein, aber wir erkennen das erst, wenn wir reflektieren, was in der Bewusstseinsleistung geschieht.

Welche Schlussfolgerungen ergeben sich daraus für das Philosophieren mit Kindern in dieser Zeit?

Orientierungswissen statt Orientierungsangebot

Die Kritik ist das zentrale Instrumentarium der Aufklärung. Ursprünglich bedeutet „Kritik" zunächst „beurteilen", „entscheiden", „unterscheiden".

In der Epoche der Aufklärung wird Kritik zum zentralen Weltzugang, insofern alle Erkenntnisse und Erkenntnisansprüche dem „Gerichtshof der Vernunft" (Kant) vorzulegen und auf ihre Geltung zu prüfen sind. Kritik steht im Gegensatz zum Dogma, das kraft Autorität vom Katheder aus gelehrt wird.

Als Streben nach Weisheit ist Philosophie seit ihren Anfängen Aufklärung (auch Aufklärung über Aufklärung). Sie setzt Kritikfähigkeit, d.h. Mündigkeit voraus. Sie beinhaltet die Aufforderung, sich des eigenen Verstandes zu bedienen. Sie gibt sich nicht zu früh zufrieden mit Antworten, ist stets offen auch für Alltägliches, das in seiner Alltäglichkeit unhinterfragt bleibt.

Nach der berühmten Definition von Kant ist Aufklärung der Ausgang des Menschen aus seiner selbst verschuldeten Unmündigkeit. Erläuternd setzt Kant hinzu, Unmündigkeit bedeute, sich des eigenen Verstandes nicht zu bedienen. Selbstverschuldet sei die Unmündigkeit, weil sich viele Menschen aus Feigheit oder Faulheit ihres Verstandes nicht bedienten bzw. auf die heutige Zeit bezogen, diese Kompetenz nie erworben haben (vgl. Immanuel Kant, Kritik der reinen Vernunft, Paderborn 2005).

In Anlehnung an Kants berühmte Aufklärungsformel kann in unserem Zusammenhang eine weitere These formuliert werden:

Neben dem Bewahren von und dem Anregen zum unbefangenen Fragen gilt als weiteres Ziel des Philosophierens mit Kindern die Ermöglichung von Orientierungswissen. Überlegungen zum Orientierungswissen sind in der heutigen Zeit von besonderer Bedeutung:

- Auf der einen Seite stehen Menschen in der modernen Gesellschaft dem Phänomen der zunehmenden Bindungslosigkeit gegenüber. Tradierte Bezugssysteme verlieren ihre Überzeugungskraft (zum Beispiel Kirche) und Orte der Einbindung in Gemeinschaft und Gesellschaft verlieren an Attraktivität (zum Beispiel Sportvereine, Parteien, Nachbarschaft). Diese für die moderne Gesellschaft charakteristischen Entwicklungen, denen noch einige hinzuzufügen wären, werden mit dem Schlagwort Begriff „Individualisierung" nachgezeichnet. Orientierung wird in einer solchen Situation zum einen ein knappes Gut, nach dem zum anderen aber die Nachfrage steigt.
- Diese – nicht allein – führt zu einer Entwicklung, in der Orientierung als ein Gut auf dem Markt im Überfluss feilgeboten wird. Sicherlich gab es noch nie so viele Orientierungsangebote (siehe Experten -Unwesen), die aus der ganzen Welt zusammengesucht und teilweise bis zur Unkenntlichkeit trivi-

alisiert, aber in jedem Fall medien- und öffentlichkeitswirksam aufbereitet, verbreitet werden. Die Orientierung in den Orientierungsangeboten wird zunehmend zu einem Problem.

Die Angebotsvielfalt in nahezu jedem Lebensbereich sowie die Fülle an verfügbaren Informationen lässt die Fähigkeiten, zu unterscheiden und zu entscheiden sowie die Geltungsprüfung zentral werden.

Durch intelligente Kategorisierung und Subsumierung sowie durch begrundete Selektionsleistungen sollen überschaubare und dadurch handhabbare und lebbare Wissensstrukturen ermöglicht werden. Um in der vielfach beschriebenen Komplexität und Unübersichtlichkeit unserer Welt nicht unterzugehen, sich selbst als Individuum behaupten zu können, müssen früh genug tragfähige Kompetenzen ausgebildet werden. Philosophieren mit Kindern liefert hierzu einen Beitrag.

Jedwede dazugehörige Ideologie schwebt dabei nicht als bloß ideelles Gebilde des reinen Denkens über der Gesellschaft, sondern findet in den gesellschaftlichen Verhältnissen eine solidere Existenzform und Wirkungsgrundlage.

Zum Beispiel „Wettbewerbsideologie“

In ihrem Buch „Wie viel ist genug?“ (Robert und Edward Skidelsky. München 2013) beschäftigen sich Robert und Edward Skidelsky (Ökonom und Philosoph) mit dem Niedergang des guten Lebens (S. 123, ff.):

> „So laut es auch nachhallen mag, das Ideal vom guten Leben gehört in der westlichen Welt nicht mehr zum Kanon der öffentlichen Debatte. Politiker führen ihre persönlichen Überzeugungen, Effizienzgründe oder den Schutz von Rechten an, wenn sie für ihre bestimmte Sache streiten. Kein Politiker sagt: ‚Ich bin überzeugt, diese Politik wird den Menschen helfen, ein fruchtbares und zivilisiertes Leben zu führen.‘
> Durch diese Entwicklung ist der Erwerbsdrang von allen Fesseln befreit worden. Wenn es so etwas wie ein gutes Leben nicht gibt, dann hat der Gelderwerb kein absolutes Ziel, nur ein relatives wie in ‚so viel wie‘ oder ‚mehr als‘ die anderen; ein Ziel, das, da es von anderen ebenso verfolgt wird, auf ewig in unerreichbarer Ferne bleiben muss.
> Stellen Sie sich zwei Männer vor, die auf dem Weg in eine Stadt sind. Unterwegs verirren sie sich, doch sie gehen weiter, nun allein von dem Ziel getrieben, vor dem anderen zu bleiben und ja nicht ins Hintertreffen zu geraten. So ungefähr

sieht unsere Situation aus. Haben sich alle intrinsischen Ziele aufgelöst, bleiben nur zwei Möglichkeiten: vorne sein oder hinten liegen. Der Positionskampf wird zu unserem Los und Schicksal. Wenn es keinen richtigen Platz gibt, dann ist der beste Platz der an der Spitze."

Diese Überlegungen haben mich zu folgendem Unterrichtsversuch bewogen:

4. Schuljahr, Thema „Wer bin ich?":

Als Anfangsimpuls zünde ich im sonnendurchfluteten Klassenzimmer eine Kerze an. Nach einer „Blitzlicht-Runde" („Woran denkt ihr, was geht euch durch den Kopf, wenn ihr die Kerze seht?") erzähle ich die überlieferte Geschichte vom „Mann mit der Kerze", dem Philosophen Diogenes, der vor mehr als 2000 Jahren in Griechenland gelebt hat: Wie er ähnlich einem Hund in einem Fass lebte, nachdem er sich überlegt hatte, was er wirklich zum Leben brauche, und wie er bei einer Gelegenheit den Welteroberer Alexander den Großen auf die Kleinheit seiner Macht hingewiesen hat, der ihm die Erfüllung eines wie auch immer gearteten Wunsches in Aussicht stellte, indem er ihn bat, er solle ihm aus der Sonne gehen. Anschließend spielten die Schülerinnen und Schüler in einer improvisierten Marktszene Händler und Käufer, die nur ein Ziel hatten: die anderen zu übertönen und möglichst viel Ware oder Geld für sich selbst heraus zu holen. Ich betrat als Diogenes mit einer brennenden Kerze das Marktgetümmel. „Diogenes" ging suchend umher, bis ein Mädchen ihm die naheliegende Frage „Was machst du da?" stellte, die er ja provoziert hatte.

Darauf gab „Diogenes" die weniger naheliegende Antwort: „Ich suche Menschen!"

Im anschließenden Gespräch stand die Frage im Mittelpunkt, welche Menschen denn „Diogenes" suchte, mit welchen Eigenschaften, wenn nicht jene, die sich im „Marktgetümmel" bewegten. Unterschiedliche Menschenbilder wurden von den Kindern konstruiert, die Frage, was „Menschlichkeit" eigentlich ausmacht, in die Debatte geworfen.

Es wurde von den Kindern zudem eingebracht, dass D. auf der Suche nach Menschen war, die gut beobachteten, die darüber nachdachten, was sie wirklich zum Leben brauchten, oder auch darüber, was eigentlich das Leben, die Welt, der Mensch sei, eben Philosophinnen und Philosophen wie er selber: das „Philosophisch werden" des Unterrichts wird hier erlebt.

Übrigens: Die Aussage des Sozialisten August Bebel, wonach Menschlichkeit keinen Kurs an der Börse habe, verstanden auf diesem Hintergrund bereits Viertklässler problemlos!

Philosophieren in diesem Beispiel versucht, den Dingen auf den Grund zu gehen, sich nicht mit ihrer oberflächlichen Betrachtung zu begnügen. Dem entspricht ein Verständnis von Bildung, das Peter Bieri wie folgt zusammengefasst hat:

> „Man bildet sich. Ausbilden können uns andere, bilden kann sich jeder nur selbst.
> Eine Ausbildung durchlaufen wir mit dem Ziel, etwas zu können.
> Wenn wir uns dagegen bilden, arbeiten wir daran, etwas zu werden – wir streben danach, auf eine bestimmte Art und Weise in der Welt zu sein.
> Bildung beginnt mit der Neugierde."
> (Peter Bieri, Wie wäre es, gebildet zu sein? München 2017)

Wir legen uns als Pädagoginnen und Pädagogen auf dem Hintergrund dieser Differenzierung zwischen Ausbildung und Bildung gleichzeitig auch die Frage zur Entscheidung vor, ob wir den Begriff „Bildung" vornehmlich als Mittel zur Ausbildung nutzenmaximierender Marktsubjekte im Sinne der Humankapitaltheorie (Olaf Radke) oder als humanistisches Projekt verstehen, das im Streben nach Menschlichkeit und menschenwürdiger Daseinsgestaltung gipfelt.

Zusammengefasst

- Philosophieren wendet sich gegen einen auf Ausbildung von Kompetenzen verengten Bildungsbegriff.
- Philosophieren versteht Lernen als Aneignung von Welt auf möglichst vielfältige, individuelle Weise.
- Philosophieren hilft nicht bei der Ausbildung von Menschen, die sich vornehmlich als sog. „Marktteilnehmer" definieren, sondern bei der Suche nach Sinn im menschlichen Dasein.
- Anders gesagt: Philosophieren ist von Nutzen, wenn es einen Beitrag dazu leisten kann, dass Lernende am Ende Reflexions- und Urteilsfähigkeiten entwickeln, die entscheidende Lebensfragen und -probleme besser meistern lassen.
- Schließlich: Philosophieren verfolgt das Ziel, zur Achtung vor Gedanken und Leistungen Andersdenkender zu erziehen. Es wirkt der Gefahr dogmatischer Verfestigung und ideologischer Manipulation in Grundfragen des Denkens und des Lebens entgegen

„Nicht die Massenverbreitung (der Philosophie. Anm. d. Verf.) ist notwendig, sondern die Vergesellschaftung des Wissens. Die Philosophie kann nicht dauerhaft Elitewissen bleiben. Im Sozialismus muss der Bürger die Welt und die Gesellschaft verstehen, in der er lebt. Schließlich muss dort jeder Mensch wichtige Entscheidungen treffen oder ist zumindest an ihnen beteiligt. Dafür braucht es einen gewissen Bewusstseinsstand. Der Sozialismus ist eine Gesellschaft, die sich nicht entwickeln kann und soll ohne eine sehr aktive Beteiligung der Bürger. Der Sozialismus fordert den Menschen mehr als andere Gesellschaftsformationen, er verlangt von den Bürgern ein hohes Wissen und viele Fähigkeiten, um die Realität zu erfassen und Lösungen zu finden, die nicht bloß improvisierte Auswege sind oder auf Wunschdenken beruhen. Und wenn Fehler geschehen – wie es den Menschen unvermeidlich geschieht –, muss man auch in der Lage sein, diese zu überwinden. In diesem Sinne verwandeln sich Kenntnisse der Philosophie, aber auch der Geschichte in eine Notwendigkeit."
(In: Was sich im Gestrüpp der Ideen verbirgt. Gespräch mit Isabel Monal über Kuba, die Revolution und die Philosophie. In: junge welt v. 1. 4. 2017, Wochenendbeilage, S. 1)

Gilt diese Aussage lediglich für die sozialistische Gesellschaftsordnung auf Kuba oder auch für andere Gesellschaftsformationen, die zumindest den Anspruch erheben, demokratisch verfasst zu sein?

Ein Prinzip Hoffnung: Mit Kindern philosophieren

Die schiere Möglichkeit, dass es anders, besser werden könnte, ja, dass Gesellschaft und Dasein radikal werden, sich an der Wurzel erfassen, um eine wahre Emanzipation des Menschen verwirklichen zu können, kommt ihnen kindisch bzw. unerwachsen vor. Erwachsen ist man gleichsam, wenn man sich mit dem nun mal so Vorwaltenden abgefunden hat. Hoffnung ist infantil – Unfreiheit ist Mündigkeit – wie viele Erwachsene mögen so denken und handeln?

Ernst Bloch hat die Motive der Wurzel und des Kindlichen in den philosophischen Kontext der menschlichen Emanzipation gebracht: „Die Wurzel der Geschichte ist (...) der arbeitende, schaffende, die Gegebenheiten um-bildende und überholende Mensch." Von diesem Menschen sagte er dann: „Hat er sich erfasst und das Seine ohne Entäußerung und Entfremdung in realer Demokratie begründet, so entsteht in der Welt etwas, das einen in die Kindheit scheint und worin noch niemand war: Heimat."

Das sind die Schlussworte aus Blochs monumentalem Werk „Das Prinzip Hoffnung". Das, was das Kind im Stande seiner Unberührtheit noch erlebt und der Erwachsene durch Entäußerung und Entfremdung verloren hat, vermag der Radikale, sich an der Wurzel Erfassende, als menschliche Emanzipation herzustellen. Es bedarf hierfür der sich als das „Kindliche" erhaltenden Hoffnung, der „Unerwachsenheit" des die Entfremdung Überwindenden, die repressiven Gegebenheiten Überholenden. Es bedarf des revolutionären Menschen.

Anstelle eines Schlusswortes: Julian Zeller

Guten Tag sehr geehrte Damen und Herren,
liebe Unterstützer und Förderer des Jaspers Clubs,
und vor allem herzlich willkommen liebe junge und erfahrene Philosophen.

Mein Name ist Julian Zeller und ich bin ehemaliger Schüler von Herrn Müller und ehemaliger Teilnehmer des Jaspers Club.

Warum sollen Menschen philosophieren?
Als mich Herr Müller gefragt hat, ob ich als Ehemaliger etwas zu dem Thema sagen möchte, habe ich mich erstmal sehr geehrt gefühlt.

Als ich dann aber in den letzten Tagen und Wochen, um fair zu sein eher Tagen, über das Thema nachgedacht habe, ist mir bewusst geworden wie schwer die Frage eigentlich ist.

Fast alle hier sind in der einen oder anderen Weise und vor allem über den Jaspers Club schon mal mit Philosophie in Berührung gekommen. Und ich denke ich kann für die Meisten, wenn nicht für alle sprechen, wenn ich sage, dass der Großteil überzeugt von der Philosophie ist.

Aber warum sollen wir Menschen überhaupt philosophieren?
Was es für mich erschwert hat, eine Antwort auf diese Frage zu finden, war, dass ich mich in den letzten Jahren meiner Schullaufbahn immer weniger bewusst mit der Philosophie beschäftigt habe. Zur Philosophie fällt mir aus den letzten Jahren noch am ehesten mein Deutschunterricht ein.

Auf der weiterführenden Schule habe ich im Deutschunterricht von den verschiedenen Epochen gelernt. Epochen wie die Romantik, der Expressionismus oder auch die Aufklärung. Jede Epoche hat ihre speziellen Merkmale, mit denen sie sich von den anderen Epochen abhebt. Eine besondere Epoche ist dabei die Aufklärung. Das habe ich im Unterricht gelernt. Ich habe gelernt, dass mit der Aufklärung die Menschen angefangen haben sich intensiv mit dem menschlichen Verstand auseinanderzusetzen. Als höchstes Ziel galt für die Menschen die Vernunft zu erreichen und andere zur Vernunft zu führen. Als großer philosophischer Vertreter der Aufklärung gilt Immanuel Kant. Mit einem seiner bekanntesten Zitate „Habe Mut, dich deines eigenen Verstandes zu bedienen" lässt sich die Stimmung in der Epoche gut zusammenfassen.

Diesen Appell haben wir in der 12. Klasse behandelt. Doch dem Appell gefolgt bin ich das erste Mal in der Grundschule. Schon in der Grundschule haben wir mit meinem Mathematik-Lehrer Herrn Müller die Frage ergründet, ob „7" viel ist? In den zusätzlichen Philosophie-Stunden haben wir dann zum Beispiel Steinsuppe gekocht.

Nun, warum sollen Menschen philosophieren?
Mir hat das Philosophieren schon damals großen Spaß gemacht, weshalb ich gerne mit einigen weiteren Schülern der Grundschule Ofen zum Philosophieren in den Jaspers Club gegangen bin. Die Freude am Philosophieren ist jedoch meiner Meinung nach nicht der wichtigste Grund warum Menschen philosophieren sollten.

Also warum sollen Menschen philosophieren?
Für mich persönlich ist die Antwort: Freiheit. Die Philosophie bringt Freiheit mit sich.

Eine Freiheit, die man sonst kaum in der Schule oder im Alltag erfahren kann. Jeder darf seine Gedanken frei äußern. Wir hatten in der Grundschule die Gelegenheit, beim Philosophieren uns Fragen jenseits einer richtigen oder falschen Antwort zu stellen. Jeder konnte zu Wort kommen und die eigene Sichtweise schildern und über verschiedene Ansätze diskutieren. Im Matheunterricht haben wir zum Beispiel darüber diskutiert, was „0" ist und ob „0" nicht vielleicht einfach nichts ist. Wir waren frei in unserer Meinung, wir durften beider Auffassungen sein oder auch ganz neue Gedanken ins Spiel bringen. Wir waren einfach frei. Natürlich ist Freiheit enorm wichtig, aber auch neben der Philosophie herrscht Meinungsfreiheit auf jeden Fall hier in Deutschland. Also was macht die Philosophie noch besonders oder eher ...

Warum sollen Menschen sonst noch philosophieren?
Die Philosophie bringt Gleichheit. Ich erinnere mich noch an ein Projekt vom Jaspers Club mit der Uni Oldenburg unter Leitung von Herrn Professor Dr. Schulz. Wir

haben zusammen mit den Studenten philosophiert. Erst in einer großen Gruppe mit allen und danach in Kleingruppen mit einigen von uns Kindern und einigen Studenten. In dieser Situation hat mich die Offenheit aller Studenten überrascht und sehr gefreut. Während normalerweise Kinder nicht so wirklich ernst genommen werden von Erwachsenen, wurde uns hier auf einmal zugehört. Wir hatten das Gefühl, dass unsere Meinung zählt. Zugegebenermaßen musste der ein oder andere doch manchmal schmunzeln und nicht immer haben uns die Studenten vollkommen richtig verstanden. Aber am Ende sind wir durch unsere Gespräche und Diskussionen auf ein Ergebnis gekommen und was das eigentlich Besondere und Beeindruckende war, war die Offenheit, mit der wir empfangen wurden und die Gleichheit eines jeden.

Doch auch Gleichheit wird oft gefordert und ist Teil unserer Werte. Es stellt sich also wieder die Frage ...

Warum sollen Menschen philosophieren?

Als nächste Antwort auf diese Frage möchte ich die Wachheit geben. Und damit meine ich nicht die Wachheit gestern Nacht, um eine Rede zu schreiben, sondern ich spreche hier von der geistigen Wachheit. Ich habe mit dem Philosophieren das eigenständige Denken gelernt. Sich selber eine Meinung bilden zu können und nicht nur nachzuahmen. Kritisches Hinterfragen von Aussagen von Menschen die normalerweise über einem stehen, wie zum Beispiel Lehrern. Versteht mich nicht falsch, ich möchte keine Revolte gegen Lehrer lostreten. Aber ich habe für mich herausgefunden, dass kritisches Hinterfragen und Mitdenken der Schlüssel dazu ist, Sachverhalte zu verstehen. Das ist vor allem für Kinder und Jugendliche auf dem Weg zu selbstdenkenden und eigenständigen Menschen in der Schule und der Erziehung von enormer Bedeutung. Aber auch die Erwachsenen dürfen nicht aufhören zu hinterfragen. Ich selbst spüre, dass man manchmal droht abzustumpfen. Um uns davor zu bewahren, sollten Menschen philosophieren, damit wir miteinander respektvoll, gleich und gut umgehen und unsere Freiheit nicht verlieren.

Und weil wir vor allem im Alltag und durch die normalen Jobs drohen abzustumpfen, müssen wir schon als Kinder lernen, geistig wach zu sein und wach zu bleiben, und den Erwachsenen können dabei vor allem die erfrischenden Gedankengänge von Kindern helfen.

Vielleicht werden Sie im Anschluss auch noch etwas philosophieren, zum Beispiel zu der Frage

Was bedeutet philosophieren überhaupt?
Und danach, warum sollen Menschen philosophieren?
Sollen sie das überhaupt?
Sie kennen nun meine Meinung, aber was halten Sie davon?
Viel wichtiger, was denken sie selber?

Ob Sie mir zustimmen oder einer ganz anderen Meinung sind, alles ist legitim, Sie sind frei.

Ich habe nur eine Bitte an Sie, machen Sie es so wie ich letzte Nacht, bleiben Sie wach.

Julian Zeller

Literaturverzeichnis

Aristoteles, Metaphysik. In: Seidl, H. (Hrsg.). Philosophische Schriften in sechs Bänden. Band 5. Hamburg: Meiner 1995

Augustinus, Confessiones. Stuttgart 2011

Peter Bieri, Wie wäre es, gebildet zu sein? München 2017

Ernst Bloch, Das Prinzip Hoffnung. Frankfurt 2013

Antje Damm, Frag mich, Frankfurt 2002

John Dewey, Wie wir denken. Zürich 1951

Michael Ende: Das Schnurpsenbuch. Stuttgart 1969

Stefan Englhart, Modelle und Perspektiven der Kinderphilosophie. Heinsberg 1997

Hans-Ludwig Freese, Abenteuer im Kopf. Weinheim, Berlin 1995

Dorothea Frede, Vortrag 8. April 1998 in Hamburg

Doris Freeß, Ästhetisches Lernen im fächerübergreifenden Sachunterricht. Hohengehren 2002

Jostein Gaarder, Hallo, ist da jemand? München 1999

Daniel Goldhagen, Hitlers willige Vollstrecker. Berlin 1996)

Klaus Holzkamp, Lernen. Subjektwissenschaftliche Grundlegung. Frankfurt 1995

Karl Jaspers, Einführung in die Philosophie. München 1999

Kahlert/Fölling/Albers/Götz/Hartinger/von Reeken/Wittkowske, Hrsg., Handbuch Didaktik des Sachunterrichts. Bad Heilbrunn 2007, S. 13

Joachim Kahlert, Gabriele Lieber, Sigrid Binder (Hrsg.), Ästhetisch bilden. Braunschweig 2006

Immanuel Kant, Kritik der reinen Vernunft, Paderborn 2005

Peter Kunzmann, Franz Peter Burkard, dtv-Atlas zur Philosophie. München 2011

Matthew Lipman, Über den philosophischen Stil von Kindern. In: Ekkehard Martens/ Helmut Schreier, Philosophieren mit Schulkindern. S. 108 ff. Heinsberg 1994

Ekkehard Martens, Sich im Denken orientieren, Hannover 1990

Karl Marx: Thesen über Feuerbach (Fassung 1889). In: Marx-Engels Werke, Band 3. Dietz Verlag Berlin, 1969

Gareth B. Matthews, Die Philosophie der Kindheit. Weinheim 1995

Kerstin Michalik, Hans-Joachim Müller, Andreas Nießeler (Hrsg.), Philosophie als Bestandteil wissenschaftlicher Grundbildung? Berlin 2009

Isabel Monal. Was sich im Gestrüpp der Ideen verbirgt. Gespräch über Kuba, die Revolution und die Philosophie. In: junge welt v. 1. 4. 2017, Wochenendbeilage, Seite 1

Michel de Montaigne, Essais, Frankfurt a. M./Leipzig 2001

Hans-Joachim Müller, Das Gespräch als Werk und Werkzeug. In: Helmut Schreier (Hrsg.), Nachdenken mit Kindern. Aus der Praxis der Kinderphilosophie in der Grundschule. Bad Heilbrunn 1999

Oskar Negt, Überlebensglück. Eine autobiografische Spurensuche. Göttingen 2016

Andreas Nießeler, Schule der Fragen. In: Susanna May-Krämer, Hans-Joachim Müller, Andreas Nießeler(Hrsg.). Alltägliches - Besonderes - Unerwartetes. Protokolle philosophischer Denkwege von Kindern. München 2014

Gunter Otto, Wahrnehmen, erfahren, erkennen. In: Pädagogik 44.

Denise Pesel, Die Thematisierung von Tod und Trauer. In: Widerstreit Sachunterricht. Nr. 7/2006. www.widerstreit-sachunterricht.de

Jean Piaget 1974, Die Bildung des Zeitbegriffs beim Kinde, Frankfurt/M., Suhrkamp 1974

Neil Postman, Keine Götter mehr: Das Ende der Erziehung. Berlin 1995

Gertrud Ritz-Fröhlich, Kinderfragen im Unterricht. Bad Heilbrunn 1992

Peter Ruben, Philosophische Schriften. Online-Edition www.peter-ruben.de 2017

Fernando Savater, Die Fragen des Lebens. Frankfurt am Main, 2000

Gerd Schäfer, Aufgaben frühkindlicher Bildung. In: drs., Bildung beginnt mit der Geburt. Ein offener Bildungsplan für Kindertageseinrichtungen in Nordrhein-Westfalen. Weinheim, Basel 2005

Ingo Scheller, Szenisches Spiel. Handbuch für die pädagogische Praxis. Berlin 1998.

Wolf Singer im Interview mit Linda Reisch. In: E&W, Nr. 1/2004.

Robert und Edward Skidelsky, Wie viel ist genug? München 2013

Gerhild Tesak u. a., Wegweiser für die Sofakisseninsel. Leipzig 2003.

Anais Vaugelade, Steinsuppe. Frankfurt 2000

Martin Wagenschein, Verstehen lernen. Weinheim 1968

Franz Zauleck, Im Zwölfminutenwald. Leipzig 2001.

Franz Zauleck, Auf der Sofakisseninsel. Leipzig 2003

Eva Zoller Morf, Die kleinen Philosophen. Zürich 1991